LA VIBRATION ORIGINELLE

Exprimez votre plein potentiel en accord parfait avec votre âme

---

DU MEME AUTEUR

- Vivre en Accord Parfait avec les Lois Universelles
- 7 secrets cachés sur la Loi de l'Attraction
- Loi d'Attraction : Les réponses à toutes vos questions

RETROUVEZ DORIAN VALLET SUR

- http://www.dorianvallet.fr/
- http://www.plateforme-bienetre.fr/
- http://lecercleatayumn.fr/

ISBN : 979-10-96860-04-3

10% DE VOTRE POTENTIEL, EST-CE BIEN LA TOUT CE QUE VOUS VALEZ ?

Ce livre va vous secouer. Peut-être même qu'il vous sera insupportable et que vous allez le refermer d'ici quelques minutes pour le rendre ou le rouvrir quelques mois plus tard. Pourtant, tout ce que j'écris là est fait dans une énergie imprégnée de la plus belle des bienveillances. J'ai à cœur de transmettre et de partager ce qui me permet aujourd'hui de jouir d'une Liberté incroyable en m'ouvrant à un potentiel que je n'aurais jamais soupçonné il y a encore quelques mois. Toutefois, cette Connaissance va bien au-delà d'une compréhension intellectuelle et elle peut vous chambouler de l'intérieur. Je vais vous emmener sur un terrain inconfortable car là réside pour moi le vrai partage. Je ne suis pas là pour vous caresser dans le sens du poil et pour vous dire que vous connaîtrez certainement l'éveil un jour que ce soit dans cette vie ou dans une autre. Vous êtes déjà pleinement éveillé et seulement non conscient de l'être pour la majorité. Vous exprimez aujourd'hui une très faible part de votre potentiel et mon souhait le plus profond est que vous rayonniez la merveilleuse Lumière que vous êtes. Vous êtes grandiose et d'une Toute-Puissance prodigieuse ! Mais notre modèle de société vous étouffe tellement que vous en êtes réduit à la faiblesse. Pour vous conformer au moule et aux exigences de cette dernière, vous jouez au jeu de la Vie avec des règles imposées qui ne sont pas du tout à votre avantage. Ainsi, vous ne pouvez vous exprimer pleinement et vous continuez à jouer petit jour après jour, vous disant même parfois que les jours heureux sont passés ou encore qu'ils dépendent d'un tirage favorable au loto.

Les 10% de potentiel dont je parle dans le titre peuvent faire référence à la fois aux capacités cérébrales et à l'activation de l'ADN. Les physiciens ont déterminé durant le siècle dernier que nous utilisions moins de 5% de notre ADN et que le reste était inutile, ce qu'ils ont appelé l'ADN poubelle[1] pour qu'on ne s'y intéresse surtout pas. Or, de nombreux physiciens ouverts d'esprit se sont penchés sur la question et ont découvert que cet ADN s'activait au fur et à mesure de l'évolution de notre conscience, nous ouvrant à de nouvelles capacités insoupçonnées. C'est ainsi que de plus en plus de personnes ont des ressentis énergétiques, voient au-delà des simples apparences, se sentent guidées et peuvent savoir quand les gens autour d'elles mentent. D'autres encore développent des capacités médiumniques, peuvent voir les auras, communiquer par télépathie ou encore déplacer des objets par la pensée. Les plus aguerris peuvent se téléporter, léviter et faire apparaître des objets. Tout ceci n'est pas de la science-fiction mais bien réel si on s'autorise à s'ouvrir à ces domaines-là. Toutefois, ce n'est pas mon rôle pour l'instant de vous guider dans cette démarche mais plutôt de vous aider à retrouver qui vous êtes dans votre essence.

---

[1] De l'anglais *junk DNA*

Ainsi, vous allez naturellement intégrer de nouveaux corps subtils et activer de nouveaux potentiels dans votre ADN. Vous vous sentirez alors naturellement à votre place dans une confiance absolue et ce sentiment d'être intouchable. C'est un message qui me tient vraiment à cœur car je sais à quel point tout ceci est libérateur. La majorité des gens cherchent des solutions à l'extérieur alors que nous avons tout en nous. L'extérieur est juste là pour favoriser ce chemin, pour vous guider ou encore pour vous offrir un environnement énergétique favorable. C'est précisément ma mission aujourd'hui : vous offrir cet environnement et cette guidance pour que vous puissiez voler de vos propres ailes et vivre la vie que vous êtes venu vivre. Vous êtes aux portes de la révélation d'un potentiel qui vous dépasse certainement. Vous êtes d'une telle Grandeur. Vous avez un tel pouvoir. Lorsque vous lâcherez vos bagages karmiques, vos boulets aux pieds et votre égo qui veut tout contrôler dans votre vie, votre vie va prendre une tournure des plus délicieuses. Rien n'aura plus vraiment d'importance car vous saurez être soutenu quoiqu'il arrive. Et en même temps, vous aurez à cœur d'agir, d'œuvrer pour un monde meilleur ancré sur des fondations saines et respectueuses de la Nature et de tous les êtres. Mais attention, rien ne se fait d'un coup de baguette magique dans ce monde de matière dense. Cela va demander votre participation active ! Adieu la fainéantise. Désormais, vous êtes un guerrier, une guerrière de Lumière et votre vie va en être transformée.

A PROPOS DE MOI

Je me dois bien de dire quelques mots à mon sujet avant que vous ne dévoriez ce livre sans même me connaître et savoir pourquoi je l'ai écrit. J'ai pendant longtemps été un pâle reflet de moi-même. J'ai pourtant été protégé dans mon enfance, étant le petit dernier de la famille, mais j'ai souffert d'une grande timidité où je me cachais le plus souvent sans jamais révéler ce que je ressentais. Un parcours scolaire assez classique m'amena à obtenir un Master II de manager de centre de profits. En voilà un intitulé bien pompeux qui vous mène à vouloir générer de l'argent sans tellement savoir pourquoi. Pourtant, la vie m'a amené à faire différentes expériences comme celle où je suis devenu champion du monde, puis des découvertes comme celle de la loi de l'Attraction alors que j'étais encore dans mes études. Ce sont comme des graines qui m'ont permis d'éclore peu à peu. Bien évidemment, tout n'est pas devenu tout rose du jour au lendemain car une montagne de freins s'est alors ouverte à moi. Ces graines m'ont mis sur le chemin du développement personnel qui s'est avéré être une grande passion et que j'ai étoffée au fur et à mesure. Ma clarté n'a cessé de grandir, poussé par l'envie d'expérimenter ce que j'apprenais. Cela m'a amené à radicalement transformer ma vie pour réaliser mes rêves. J'ai dû quitter mon confort de vie, aussi bien personnel que professionnel, pour me lancer dans l'aventure de la vraie vie ! Il y avait encore beaucoup d'égo à cette époque-là et beaucoup de choses à me prouver. C'est seulement en me plongeant en profondeur dans l'application des lois universelles, qui est le sujet de mon ouvrage précédent, que j'ai découvert la magie de la vie. Cela m'a permis de révéler qui Je Suis vraiment dans mon essence. C'est parti d'une étude intellectuelle où je me suis posé beaucoup de questions. L'ouverture de certains canaux de perceptions extrasensorielles m'ont permis de valider certaines informations et d'en décrédibiliser d'autres afin de faire la Lumière en moi. Je suis parti explorer toutes mes zones d'ombre et en suis ressorti beaucoup plus lumineux. Je suis aujourd'hui connecté à mon énergie originelle dont nous allons reparler et qui me procure une force telle que je me sens la capacité de tout faire, tout réaliser, tout essayer, tout en étant soutenu en permanence et donc sans peur d'aucune répercussion. Je me sens intouchable de tout ce qui est de basse vibration. Rien ni personne ne peut m'atteindre. Je suis dans ma Toute-Puissance ce qui me permet de servir le monde dans la plus belle des bienveillances. Il se peut que vous voyiez de l'égo dans ces lignes et si c'est le cas, sachez que ce n'est que le reflet du vôtre. En lien avec l'énergie de votre âme, vous assumerez pleinement l'être divinement puissant et merveilleusement aimant et connecté que vous êtes, ce qui vous permettra aussi de voir le divin en chacun et en toute chose.

Affiner ce pour quoi je suis fait est aussi une de mes grandes passions. Il reste toujours à découvrir sur Soi pour comprendre et intégrer pleinement qui l'on est afin de pouvoir s'exprimer pleinement. Je souhaite, à travers cet ouvrage, vous donner à la fois la procédure pour vous connecter au Soi, mais aussi comment trouver les activités qui vous permettront de vous exprimer le plus naturellement du monde. Tout ceci est le fruit de plusieurs années de recherche et d'expérimentation. Je souhaite à travers ce livre vous donner matière à réfléchir sur vous-même et trouver des réponses rapidement, sans passer par dix milles chemins différents. La simplicité peut vous apporter une mine d'or de bienfaits. J'espère de tout cœur que vous saurez vous permettre de trouver de belles pépites à exprimer dans votre vie qui vous guideront vers le chemin de votre cœur. Restez pleinement ouvert à ce qui peut vous être révélé, tenez-vous prêt à davantage de clarté dans votre vie, et surtout à pouvoir rayonner toujours plus intensément la belle lumière que vous êtes. Ce sera parfois inconfortable et rien ne se fera d'un coup de baguette magique. Votre participation active est demandée. Préparez-vous maintenant à recevoir le meilleur et à rayonner votre énergie originelle inconditionnellement.

Dorian Vallet

COMMENT LIRE CE LIVRE

Voici quelques recommandations pour tirer le meilleur de ce livre.

1. Avoir intégré les lois universelles sera un vrai plus pour votre compréhension et l'intégration de votre énergie originelle. Je ne peux que vous recommander de lire mon livre sur le sujet avant celui-ci ou de faire la formation sur le Cercle ATAYUMN. Rien n'est obligatoire, écoutez votre cœur et votre ressenti.

2. Ne lisez pas que les mots. Entendez leur son. Goûtez à leur énergie. Lisez aussi entre les lignes. Ouvrez-vous à tous les niveaux de profondeur possibles. Ce livre est intentionnellement nourri d'une force permettant à votre âme de s'exprimer davantage dans votre vie. Permettez-vous donc d'en recevoir toute la richesse.

3. Munissez-vous d'un cahier dans lequel vous prendrez des notes spécifiquement pour ce que vous allez découvrir dans cette aventure. Ce sera à la fois concernant qui Vous Êtes dans votre Essence, mais aussi tout ce qui sera révélé à votre conscience ou libéré à travers l'exploration de l'ombre. Enfin, ce seront toutes les activités, prises de conscience, et révélations, qui vous permettront de vous connecter plus intimement avec votre essence et pouvoir l'exprimer en toute situation, en tout lieu et avec toute personne.

4. Ne cherchez pas à tout comprendre mentalement. Ne cherchez pas les réponses aux questions qui vous seront posées mentalement.

Permettez-vous de laisser émerger en vous les réponses. Elles sont en vous, en chacune de vos cellules, et non dans votre mental. Si elles viennent à votre conscience, c'est magnifique, pensez à noter. Si cela reste inconscient, c'est très bien aussi et cela vous sera révélé au meilleur moment pour vous.

5. Tout au long de l'ouvrage, vous serez invité à pratiquer, à dire certaines choses à voix haute, à mettre toute votre attention sur certaines phrases en italique. Ce seront des invitations à pratiquer sur le moment. Ensuite, il est de votre responsabilité d'intégrer les pratiques et principes qui vous parlent le plus dans votre quotidien. Vous ne pourrez tout pratiquer. Prenez simplement ce avec quoi votre âme entre en résonnance. Ainsi, vous tirerez le meilleur de votre lecture.

AU PROGRAMME DE CE LIVRE SUR LA VIBRATION ORIGINELLE

- PREMIERE PARTIE -

L'ESSENCE DE LA VIBRATION ORIGINELLE

« Celui qui ressent sa vie et celle des autres comme dénuées de sens est fondamentalement malheureux, puisqu'il n'a aucune raison de vivre. »

Albert Einstein

Cette première partie va poser les bases et vous inspirer en profondeur. L'objectif est de casser les schémas auxquels vous adhérez consciemment ou inconsciemment et vous repositionner en être créateur d'une puissance prodigieuse mais oubliée. Pour commencer cet ouvrage, nous allons démystifier ce terme de Vibration Originelle qui vous est certainement obscur si vous n'avez pas lu mon livre sur les lois universelles. La Vibration Originelle est synonyme de Mission de Vie mais ce terme est extrêmement mal compris et source de souffrance dans une quête spirituelle. La plupart des gens recherchent leur mission de vie en cherchant une activité, quelque chose qui va vraiment les nourrir de l'extérieur. Ceci est un mythe car l'extérieur sera toujours seulement le reflet de ce qu'il y a en vous. La mission de vie n'est donc pas une activité, c'est avant tout une énergie. C'est l'énergie qu'il y a en vous, c'est votre énergie naturelle, originelle, votre énergie d'âme. Vous pouvez vous connecter à cette vibration de façon à pouvoir vous exprimer pleinement pour qui Vous Êtes vraiment. Cette énergie est votre unicité et c'est cette connexion à ce qu'il y a en vous qui va vous permettre de contribuer à la diversité du monde ! C'est la seule chose qui vous appartienne et qui vous soit unique ! C'est la seule chose que les autres ne puissent pas donner ou partager à votre place. Le copier-coller n'a plus sa place lorsque votre âme prend les rênes de votre vie et que vous vous libérez de vos fausses identités. Vous êtes alors poussé à œuvrer en accord avec ce qui est engrammé dans chacune de vos cellules à travers cette connexion avec votre âme.

Oui, c'est bien de l'âme dont nous parlons mais qu'est-ce donc en réalité ? L'âme est souvent confondue avec l'esprit physique d'un individu qui appartient à son existence terrestre. L'âme n'appartient pas au plan physique mais se sert du corps physique pour exprimer son essence sur Terre. Ce qu'il est important de savoir ici est en quoi vous êtes différent des autres dans un univers où tout est Un, où tout est relié et connecté. Votre âme est tel un fragment de l'âme de la Conscience Universelle. La Conscience Universelle est aussi appelée Univers, Dieu, la Source, le Champ, la Conscience cosmique, etc. Chaque être possède donc une âme qui comprend toute la connaissance de l'Univers tout en en ayant une part unique. C'est ce qui permet à chaque être d'avoir une mission unique, de pouvoir servir son environnement comme nul autre du fait de la vibration unique qui le traverse. Cette étincelle de vie vous permet d'accéder à tous les potentiels de la Source puisqu'elle est en lien avec la Source elle-même. Il n'est pas nécessaire de comprendre comment l'Univers fonctionne pour y être connecté et agir en alignement parfait avec Lui. La goutte d'eau peut essayer de décrire l'Océan mais seule la Connaissance profonde inscrite dans ses cellules peut lui faire « comprendre » cela. C'est seulement par l'expérience que cette connexion peut s'établir. Votre énergie originelle va s'exprimer naturellement dans tout ce que vous faites et certaines activités vont vous permettre de l'exprimer de façon beaucoup plus aisée. A travers cet ouvrage, vous allez dans un premier temps être invité à toucher votre essence et vous aurez les clés pour découvrir votre énergie originelle avant toute autre chose. Puis, je vous emmènerai sur un chemin d'expérimentation intérieure pour déterminer quelles activités vous permettront d'exprimer pleinement qui vous êtes sans effort, et ainsi pouvoir activer l'Abondance sur tous les plans dans votre vie. C'est ce qui vous est demandé ici en ce monde. Vous n'êtes pas venu pour survivre dans une société que très peu comprennent, mais bien pour partager votre vibration unique et impacter favorablement le monde. Qui Vous Êtes vraiment dans votre essence ne demande qu'à s'exprimer pleinement et inconditionnellement. Lorsque l'égo lève les voiles, vous pouvez enfin vous permettre de laisser rayonner votre âme. Vous n'avez rien à craindre, rien à atteindre, vous n'avez rien de spécifique à faire, à construire, pas de personne précise à suivre. Vous avez juste à être pleinement vous-même en connexion avec votre âme et à vous laisser traverser par le souffle vivant. Lorsque vous êtes connecté à cette énergie, vous avez envie d'agir. Vous vous levez le matin et vous avez cette envie de partager, de créer, de contribuer. Peu importe les domaines dans lesquels cela s'exprime. Ça peut être dans l'art, dans la communication, dans la création de vidéos, dans l'accompagnement de personnes. Cela peut être en étant à votre compte ou pas. Tant que vous êtes dans votre essence, alors vous êtes dans votre mission de vie. Votre mission si vous l'acceptez à présent est d'être de plus en plus présent à vous-même, de trouver les activités dans lesquelles vous trouvez de la Joie et qui vous permettent de vous exprimer avec passion ! Lorsque vous êtes dans ce don de vous-même alors vous donnez votre énergie au monde sans même que vous vous en rendiez compte et c'est le plus beau cadeau que vous puissiez faire à l'Humanité.

QUEL EST LE SENS DE LA VIE ?

« Ce qui est folie aux yeux des hommes est sagesse aux yeux de Dieu »

Jésus-Christ

L'objectif ici n'est autre que de comprendre pourquoi votre âme vient s'incarner sur terre, vivre une expérience terrestre dans la dualité. Pourquoi fait-on ce choix-là ? Pourquoi venir vivre une expérience dense à travers le voile de l'oubli avec des moments très douloureux alors qu'on aurait pu choisir la légèreté sur d'autres plans ? La difficulté de cette existence offre un panel d'expériences incroyables avec les polarités et la richesse de la planète Terre. Il se peut que votre âme vienne expérimenter certaines choses qu'elle n'a peut-être encore jamais expérimenté, mais je crois peu en cela. A travers nos moultes réincarnations, nous avons à peu près joué tous les rôles possibles. Si vous venez vous incarner ici, cela peut être parce que vous vous êtes fait engluer dans la roue de la réincarnation et que vous êtes comme forcé à vous réincarner encore et encore en oubliant chacune de vos existences passées. Cela est dû à une vaste manipulation orchestrée par les êtres qui exploitent l'Humanité. Et vous venez aussi pour aider à ce que cette manipulation prenne fin maintenant. En reprenant votre pouvoir personnel et en rayonnant pleinement l'Amour que vous êtes qui est l'expression de la Source, alors vous vous détachez de toutes vos chaines et vous permettez aux autres de faire de même par votre simple présence. C'est seulement de cette façon que l'Humanité deviendra libre et se détachera de la matrice en place et de tous ces systèmes malsains à travers les gouvernements, la médecine, l'éducation, la finance, l'agriculture et j'en passe. Il n'est pas nécessaire de comprendre comment tout ceci fonctionne mais simplement d'avoir conscience que ce qui se passe ici n'est pas en accord avec les lois universelles. Cela n'empêche pas que toute cette noirceur est parfaite dans l'opportunité qu'elle offre à l'Humanité d'évoluer en conscience et c'est ainsi que l'on peut devenir un véritable maître : en retrouvant sa Liberté au sein du chaos. Toutefois, on peut facilement se faire happer par les sollicitations de cette société et se perdre dans l'illusion d'une mission que l'on cherche sans jamais vraiment la trouver. Pour résumer, votre mission de vie a d'une façon générale deux grands ordres. Premièrement, c'est de retrouver votre Liberté en exprimant pleinement qui vous êtes dans votre essence Je Suis. Cela passe par une prise de conscience personnelle et le fait d'accéder à la Connaissance qui est inscrite en chacune de nos cellules. En d'autres termes, vous devez vous libérer de votre karma qui est une création mentale insufflée par les forces qui dirigent notre monde afin de garder le contrôle sur vous. Vous pensez alors devoir revenir encore et encore vous réincarner pour vous libérer de ce fameux bagage karmique. Mais combien de temps la mascarade peut-elle durer comme ça ? Êtes-vous prêt à revenir encore des milliers de vies simplement dans l'optique de vous libérer ? C'est absurde et je me demande comment on a pu s'attacher à des idées pareilles ! Si vous voulez un indice, l'égo spirituel n'est pas loin... Lorsque vous vous détachez de l'emprise de l'égo et que vous le mettez au service du cœur, votre karma peut enfin se libérer et laisser place au plein rayonnement de votre âme. Si vous décidez d'être vraiment en lien avec votre énergie originelle, en connexion avec votre âme et la Source, alors vous allez pouvoir vous exprimer de la meilleure des façons en étant nourri sur tous les plans. Cela demande de se détacher du personnage que l'on joue en cette existence et des différents rôles que l'on prend afin d'opter pour la posture de l'observateur. La plupart des gens ont peur d'être pleinement eux-mêmes et de faire certaines choses qui vont les faire sortir de leur zone de confort. On se sécurise, on a appris à penser avec ce cerveau gauche toute notre vie. Toute notre éducation est basée là-dessus. Toute notre société est basée sur le contrôle, la planification, la sécurité. La réalité est que la plupart des gens sont tellement englués dans l'illusion qu'ils ont une peur bleue d'en sortir. Ils restent alors sagement dans le moule, à l'étroit, mais tranquilles. Ils sont tels les moutons dans l'enclos sans avoir conscience que ce sont des lions. Ils ont peur d'en sortir car l'inconnu fait peur et qu'ils pourraient perdre ce qu'ils ont durement acquis. C'est la peur d'échouer et la peur de perdre ce que l'on a acquis ou construit. La seule façon de se libérer de cette illusion est de prendre conscience de sa propre Lumière qui fait encore plus peur que l'ombre. Votre but premier est donc de vous libérer vous-même et d'oser sortir de l'enclos et des sentiers battus. C'est oser prendre votre envol et ne plus rester dans le moule, au milieu des autres moutons. C'est vous révéler pleinement et vous exprimer sans peur des répercussions. En second lieu, c'est d'aider l'humanité, les autres, à se libérer de leurs chaines à leur tour. C'est la seconde étape de votre existence et cela peut se manifester de plein de façons différentes.

Lorsque nous serons suffisamment nombreux à être Libres, toute l'Humanité en sera impactée. C'est la fameuse théorie du centième singe[2]. Mais attention, je tiens à mettre en garde envers toutes les personnes qui se croient l'âme d'enseigner ou de guider sans savoir eux-mêmes. Je me suis retrouvé dans de nombreux ateliers ou stages où l'enseignant que j'avais en face de moi n'était pas en alignement avec ce qu'il disait. Si vous êtes en lien avec votre vibration originelle, cela ne peut arriver et quoi que vous fassiez, cette dernière rayonnera naturellement. Faites donc une priorité absolue dans votre vie de vous connecter à votre énergie d'âme, à votre énergie originelle, parce que c'est ça votre mission de vie avant tout. C'est de propager votre énergie propre et unique pour contribuer au monde qui vous entoure. A partir de là, vous allez naturellement trouver votre place et certaines personnes vont entrer en résonnance avec vous et vous soutenir pour que vous puissiez continuer dans votre démarche et aider les personnes qui sont proches de vous.

---

[2] *Le centième singe est une expression désignant, à l'origine, un phénomène supposé par lequel un apprentissage se serait répandu depuis un petit groupe de singes à toute la population des singes de la même espèce, une fois qu'un certain nombre d'entre eux aurait été atteint. Dans le courant New Age, l'expression se rapporte à une propagation d'une idée, d'un savoir ou d'une capacité au sein d'une population humaine sans qu'il y ait de transmission visible et une fois qu'un nombre clé de personnes aurait acquis ce savoir ou cette capacité (Source Wikipédia)*

VIVRE L'UNITE AU SEIN DE LA DUALITE

Si vous pouvez faire briller votre Lumière et la rayonner tout autour de vous dans un monde duel comme le nôtre, alors vous êtes un maître. Le maître est celui qui est libre, ne dépend de personne et peut exercer son pouvoir créateur en toute liberté. Votre rôle est de tendre dans cette direction. C'est uniquement en étant en paix avec soi que l'on peut rayonner pleinement et impacter positivement le monde et les autres. Gardez toujours à l'esprit que tout ce qui vous mène à être en dépendance, à ressentir de la détresse ou encore de la colère, n'est certainement pas profitable ni aligné avec qui vous êtes vraiment. En même temps, c'est en période de stress que l'on peut se permettre de sortir de notre zone de confort, d'oser sortir des sentiers battus ou de l'enclos sécurisé. C'est à vous de savoir être à l'écoute de ce que vous dicte votre être profond afin de faire les choix justes. Votre âme souhaite s'exprimer pleinement dans ce monde physique. Elle veut tendre vers cet état d'unité. Le fait de vivre dans la dualité va justement lui permettre de faire des expériences, de faire des choix à chaque instant, plus ou moins agréables, qui lui permettront de se révéler toujours davantage et de trouver la stabilité en toute situation. Ces expériences ne sont possibles qu'à travers la dualité car c'est cette oscillation entre les polarités qui permet de tendre vers la voie du milieu ou l'équilibre. Nous vivons tous dans une logique de libération. La société nous enferme et nous prive de nos libertés. On croit souvent être libre dans le déni total des boulets que l'on a aux pieds et des missiles qui nous bombardent. C'est comme si nous venions trouver les clés de notre libération en expérimentant tous les scénarios que ce plan physique nous propose. Ce qu'il est vital de toujours garder à l'esprit est que l'Univers conspire à nous apporter tout ce dont on a besoin. La loi d'attraction répond toujours aux vibrations de votre âme. C'est pourquoi beaucoup se prennent les pieds dans le tapis, n'arrivant pas à manifester ce qu'ils souhaitent parce qu'ils ne sont pas alignés sur leur vibration originelle. Je vous invite alors à toujours être dans l'attitude d'étudiant, du disciple : celui qui apprend de toute expérience, qui peut apprendre de toute personne, de toute situation, de tout être. Cela fait appel à l'humilité et à ne jamais mettre en avant ce que l'on pense savoir en cherchant à convaincre l'autre. On peut apprendre de tous les règnes vivant sur Terre : les minéraux, les végétaux, les animaux, les êtres humains tous autant qu'ils sont. On peut apprendre aussi bien de l'observation d'un petit bébé, que d'un grand sage ou d'un mendiant dans la rue. On peut apprendre d'un plat qu'on nous a préparé, qui va nous inspirer, qui va créer un déclic, ou encore d'un discours que l'on va entendre. On peut apprendre des plus beaux moments et des plus difficiles de notre vie. Pour vous citer un cas marquant de ma vie, j'ai eu l'honneur d'être champion du monde. Pourtant, la plus grande leçon que j'ai acquise de cette période de ma vie est lorsque j'ai perdu le titre. Le fait en lui-même n'importe pas, ce qui compte est qui l'on devient et à quel point on se révèle dans cette expérience de vie. On peut apprendre du manque, de la critique, de la violence ou de la haine. On peut apprendre de toutes situations et de façon ultime, vous avez déjà toute la Connaissance en vous, inscrite dans chacune de vos cellules. Chaque jour de votre vie, je vous invite à ne pas vous endormir sans avoir appris quelque chose. Et pourquoi pas même faire une revue rapide de votre journée en éprouvant de la gratitude pour tout ce que vous avez appris en cette journée. Si vous avez l'impression de ne rien avoir appris aujourd'hui, alors cherchez davantage. Chacune de nos journées est différente car vous êtes différent, que les autres sont différents et que le monde a changé. Vous avez forcément appris quelque chose parce que vous n'êtes pas la même personne qu'hier, ni la même personne qu'il y a une seconde puisque nos cellules se renouvellent en permanence et l'énergie de l'Univers est en mouvement permanent. Peut-être vous sentez-vous enfermé dans la monotonie de vos journées alors que chacune d'entre elle est unique et regorge de Beauté. Retrouver l'émerveillement de chaque instant que vous vivez est un chemin qui vous mène également à jouir de cet état de Liberté. Une fois que vous êtes libre, vous pouvez alors pleinement œuvrer dans l'Amour et la Bienveillance tout en contribuant à l'évolution globale de l'humanité. Vous naissez dans un certain endroit, dans une certaine famille, dans un certain contexte, avec un certain nombre d'aptitudes et vous n'arrivez pas là par hasard. Pour quelle foutue raison arriveriez-vous là par hasard ? On n'est pas parachuté sur Terre comme ça par hasard. Si vous vous connectez à ce qu'il y a en vous, vous pouvez sentir que tout est juste et que vous êtes précisément la meilleure personne au meilleur endroit pour faire ce que vous êtes venu faire. Et cela peut vous permettre de prendre conscience que vous ramez dans la vase alors que l'océan vous appelle depuis des lustres. Tout contexte est toujours favorable à notre essor. La perception humaine est extrêmement limitée. Nos cinq sens nous permettent d'appréhender à peu près 0,05% de tout ce qui existe. Notre capacité à décoder la réalité est tellement limitée qu'on ne peut que faire preuve d'humilité. Imaginez la vie d'une chauve-souris qui ne « voit » que grâce aux ultrasons qu'elle émet, qui se répercutent sur ce qui l'entoure et lui reviennent en écho pour lui créer sa réalité. Si vous pouviez expliquer à une chauve-souris le monde que vous voyez, elle vous prendrait pour un illuminé complet. Pourtant, sa réalité et la vôtre sont tout aussi justes dans la perception que vous en avez tous deux. La majorité d'entre nous voyons souvent les choses négativement, nous jugeons le monde extérieur alors qu'il est toujours le plus beau cadeau que l'on puisse recevoir. *S'il est négatif, c'est seulement parce qu'il me dérange et que cela réveille des choses en moi que je refuse de vivre, ou encore que je ne suis pas capable de voir l'aspect divin ou holistique d'une situation. Pourtant, ce monde que je vois est un miroir permanent de ce que je vibre et de comment je décide de percevoir le monde. Tout me porte à comprendre qui Je Suis et à prendre des décisions qui vont m'amener à la pleine expression de mon âme*[3]. Vous avez toujours le meilleur

---

[3] Ces messages en italique sont une invitation à lire avec attention et conscience, et à voix haute si vous le désirez. Ils sont spécifiquement écrits à la première personne pour vous permettre une intégration plus facile.

environnement pour prendre les meilleures décisions. Ensuite, vous avez le libre-choix d'avancer en maintenant des vibrations élevées ou de stagner dans de basses vibrations. Entendez ici le choix de l'Amour ou de la Peur. Si vous n'êtes pas dans votre alignement, ce contexte favorable induit en permanence par les lois universelles sera là pour vous brusquer, pour vous faire tendre vers cet alignement que vous recherchez et pour contribuer du mieux possible au monde qui vous entoure. Vous pouvez souffrir et avoir le sentiment de patauger, d'accumuler les problèmes et de vivre des expériences désagréables tant que vous refusez d'être pleinement qui vous êtes sans compromis. Une fois en lien avec votre vibration originelle, vous allez naturellement impacter sur les personnes qui vous entourent, sur l'environnement, sur des domaines particuliers qui vous tiennent à cœur. Vos actions pourront être de tout ordre et dans tous les domaines tant que vous les sentirez justes. Ça peut être la maltraitance par rapport aux animaux, l'agriculture, l'aide aux autres pour réaliser leur vie. Ça peut aussi être l'art, écrire des livres, ou tout autre domaine qui vous attire. Peu importe le domaine dans lequel votre âme a envie de s'exprimer. Vous savez au fond de vous ce qui vous attire plus qu'autre chose. Au fond de vous, vous avez toutes les clés. Et elles ne demandent qu'à s'exprimer pleinement. Vous venez ici en premier lieu pour grandir et pouvoir affuter en quelque sorte votre épée, votre statut de guerrier de lumière. Et d'un autre côté, pour contribuer de la meilleure des façons au monde. Vous allez alors utiliser cette épée pour défaire ou couper les liens qui ne vous semblent pas justes. Mais aussi l'utiliser pour vous affuter, pour développer certaines capacités qui renforceront votre impact, vous permettant d'agir dans les domaines qui vous semblent essentiels sur lesquels vous devriez travailler. Personnellement, je me lève tous les matins avec l'envie d'avancer et de contribuer au monde qu'il y a autour de moi. Et je fais de mon mieux chaque jour pour cela. Je m'autorise à être puissant et aussi à avoir mes moments de faiblesse. Il n'y a pas d'idée de perfection ou de quoique ce soit. Je fais juste de mon mieux. Je tends vers cet idéal de vie qui est le mien. Je m'engage dans ce qui me semble bon, juste, sain et respectueux, tout en me désengageant de ce que je juge qui ne l'est pas. Je me connecte autant que possible à ma réelle nature et demande à mon égo de se taire pour me permettre d'être merveilleusement guidé sans peur. Et je ne peux que vous inciter à faire de même, quel que soit le domaine dans lequel vous êtes. Qui que vous soyez, donnez le meilleur de vous-même. Faites grandir votre âme dans cette expérience terrestre qui est absolument fabuleuse afin de magnifier votre vie et tout ce qui vous entoure. Faites votre maximum pour que tout s'embellisse autour de vous. Votre bonheur et votre succès ne sont qu'une conséquence d'un alignement corps-âme-Esprit. L'Univers est là pour vous aider à chaque instant sur votre chemin afin de vous donner tout ce dont vous avez besoin pour vous illustrer pleinement. Si chacun décidait aujourd'hui de faire briller sa Lumière à sa pleine puissance, le monde tel que nous le connaissons en serait transformé instantanément. Cela ne tient pas à grand-chose mais demande l'implication de chacun.

VOUS ETES UN ETRE UNIQUE !

"Soyez vous-même, les autres sont déjà pris."

Oscar Wilde

Il me tient à cœur d'être le plus précis et compréhensible possible. J'ai fait passer tous les messages essentiels dans cette première partie du livre. Je vais les exprimer différemment à présent pour vous permettre d'en saisir toujours plus l'essence, en réexpliquant certains termes et en les mettant en lumière sur d'autres facettes.

Pensez-vous être unique ? Pensez-vous avoir une mission dans la vie ? Certains l'appellent mission, d'autres raison de vivre, d'autres encore « ce pour quoi je suis fait » ou « ce qui me fait vibrer ». Tous ces termes sont plus ou moins les mêmes. A chacun d'adopter celui qui lui convient en fonction de ce qui lui parle le plus. La mission de vie a ce quelque chose en plus qui engage comme si vous veniez sur Terre avec l'intention de réaliser quelque chose de précis. Beaucoup de philosophies parlent de cette mission de vie, comme quoi nous viendrions nous incarner sur Terre de notre plein gré avec une mission spécifique que l'on aurait acceptée. Vous êtes libre de croire en cela ou non. Ce qui est certain, c'est que nous venons tous avec une énergie qui nous est propre et unique, ainsi que des attributs spécifiques qui nous permettent de nous illustrer dans certains domaines et pas dans d'autres. C'est ce que j'appelle l'énergie originelle. C'est votre vibration unique, votre empreinte, ce qui fait que vous êtes inimitable. Chacun d'entre nous a au moins un talent naturel, des traits de caractère spécifiques, qui permettent de réaliser de grandes choses. Mais pas dans tous les domaines ! Certains s'illustreront dans la pratique du piano naturellement. D'autres seront capables de sculpter des œuvres incroyables. D'autres encore seront naturellement doués avec les chiffres ou l'art de communiquer avec leurs prochains. C'est un univers extrêmement vaste qui s'offre à nous lorsque l'on vient sur Terre. Si l'on suit certains enseignements spirituels, notre mémoire serait intentionnellement effacée pour nous permettre de trouver ces clés et de mener à bien cette mission difficile sans avoir l'envie de repartir trop vite, ou de revenir d'où l'on vient, puisque la Terre est aussi synonyme d'enfer en d'autres contrées de notre univers. Ce voile de l'oubli est à mon sens une prison de plus afin que les êtres qui nous dirigent puissent avoir la main mise sur l'Humanité bien plus facilement, mais ce n'est pas le sujet qui nous intéresse ici. Certains enseignants trouvent différentes raisons positives à l'effacement de notre mémoire d'une vie à l'autre. Lorsque je me connecte à mes cellules, elles me répondent simplement que c'est du grand n'importe quoi et que je peux choisir maintenant de me reconnecter à la Connaissance engrammée en chacune d'elles.

Nous avons tous une mission commune qui est la croissance. Si nous observons la nature, elle nous montre précisément l'exemple dans ce domaine. Tout organisme vivant présent dans l'Univers a pour rôle de croître. Un arbre grandit, tout comme les plantes et les animaux, pour ne citer qu'eux. Toutefois, on remarque que la nature fait très bien les choses et reste toujours dans un équilibre parfait qui permet aux différentes espèces de cohabiter et de grandir ensemble. C'est ce que l'Homme a parfois oublié, tentant de croître au détriment des autres. Et je vous mets au défi de trouver votre bonheur sur cette voie-là car elle est loin d'être de tout repos. La nature répond à des lois naturelles comme celle du moindre effort. Plus vous vivez avec légèreté et loin de toute tension, plus ce que vous désirez peut se manifester aisément. Vous pouvez vous harmoniser avec la loi de l'attraction consciemment dans votre vie pour manifester ce que vous désirez vraiment. Mais c'est un vrai dilemme de notre société aujourd'hui que de pouvoir s'exprimer naturellement. Tout a été mis en place pour que chacun apprenne à se servir de son cerveau gauche, le cerveau analytique qui veut toujours tout comprendre. Et notre cerveau droit, taillé pour l'intuition et le lâcher-prise, est bien moins mis en valeur. Tout ceci nous coupe de qui l'On Est vraiment et de notre énergie originelle.

C'est également la raison pour laquelle vous lisez ce livre actuellement. Trouver qui Je Suis et ce pour quoi vous êtes sur Terre est fondamentalement simple et naturel. Mais si l'on s'est coupé de notre inspiration naturelle, alors il devient beaucoup plus difficile de trouver des réponses simples. Peut-être qu'un retour à l'essentiel et à la simplicité permettra à chacun de pouvoir redécouvrir son essence profonde. C'est aussi le chemin sur lequel je vous emmène dans ce livre dans une ouverture vous permettant de vous découvrir dans votre essence. C'est bien ce dont nous parlons ici : la redécouverte de Soi, de ce qu'il y a au plus profond de soi-même. La légende des dieux nous le montre avec Brahma qui décida de cacher la Connaissance au plus profond de l'être humain afin qu'il ne puisse jamais la trouver. Vous connaissez certainement ce dicton qui dit « *Ne jamais dire jamais !* ». Vous êtes dorénavant sur un chemin de découvertes. Je vous invite à faire preuve d'une ouverture sans précédent et à lâcher-prise sur les résultats. S'il y a trop de tension entre où vous en êtes aujourd'hui et ce que vous désirez, vous ne pourrez y arriver. Car la réussite tient aussi et surtout au lâcher-prise, pour ne pas dire à l'abandon total. Soyez simplement avec vous-même, répondez aux questions qui vous parlent vraiment et vous ferez la lumière en vous. La lumière... N'est-ce pas l'obscurité qui nous cause autant de tort dans la vie ? Comme le dit Anthony Robbins : « *Clarity is power !* », la clarté donne le pouvoir. Vous avez en vous la Lumière de la Conscience. Mais peut-être est-elle éteinte depuis de longues années. Mon invitation pour vous est d'oser la rallumer et d'en prendre soin afin de faire la lumière sur les zones d'ombre qui vous ont toujours empêchées de trouver qui vous êtes et ce pour quoi vous êtes fait.

UNE VIE VIDE DE SENS, POUR COMBIEN DE TEMPS ENCORE ?

Si vous lisez ces lignes, vous êtes peut-être dans cette vie qui vous semble bien vide, ou en tout cas pas assez riche à votre goût. Vous sentez pourtant cet appel au fond de vous, que vous êtes plus que ce que la vie et la société vous font miroiter, que vous êtes fait pour autre chose. En réalité, la majorité des gens sont dans une situation qui les empêchent d'incarner qui ils sont dans leur essence et d'aller directement dans la voie qui les appelle. Ces personnes se trouvent finalement plein d'excuses : travail, sécurité financière, enfants, une recherche de sécurité et de protection sur différents plans, qui les empêchent de vivre pleinement leur vie. J'entends souvent également l'argument de la retraite qui est suffisamment proche pour ne pas prendre le risque de changer quoi que ce soit. Si vous vous reconnaissez dans cette description, je vais vous dire une simple chose : Réveillez-vous ! Combien de temps cela va-t-il encore durer comme ça ? Certaines personnes vont jusqu'au suicide en vivant leur vie à contre-courant. Elles restent dans le moule en refusant l'appel de leur cœur. Et sachez qu'il n'y a que les tartes qui se sentent à l'aise dans un moule. Elles ont préféré faire quelque chose toute leur vie pour pouvoir payer les factures à la fin du mois plutôt que de vivre pleinement leur vie, quitte à prendre des risques et à se retrouver à la rue, mais au moins à vivre vraiment cette vie-là. Or, si ces personnes avaient vécu pleinement leur vie, elles ne se seraient pas retrouvées à la rue car l'Univers pourvoit à tous nos besoins quand on est à son Service et dans la vibration de notre âme. Si vous doutez de cela, je vous souhaite de l'expérimenter au plus vite afin de vous ouvrir à une réalité tellement libératrice que vous ne pourrez plus douter de l'évidence ! Tout cela signifie que vous devez maintenant faire une priorité de trouver votre vibration originelle. Cela consiste à retrouver qui vous êtes dans votre essence et à oser cheminer sur cette voie de croissance. Si vous sentez cet appel, et même si vous ne le sentez pas, vous savez si vous êtes à la bonne place ou non. Et si vous n'êtes pas à la bonne place, qu'est-ce que vous y foutez ? Qu'est-ce que vous attendez pour changer ? Qu'est-ce que vous attendez pour prendre votre vie en main et partir en connaissance de qui vous êtes vraiment dans votre plus belle expression ? Ce livre vous permet d'ouvrir votre conscience et votre cœur à cette réalité afin de révéler votre vibration originelle et pouvoir enfin l'exprimer dans votre vie. L'idée est de vivre des expériences initiatiques et de se poser des questions sur le sens de la vie, sur soi, sur sa vie actuelle, et de s'ouvrir des perspectives par rapport à ce pour quoi l'on est vraiment fait. Quand on s'ouvre à cela, de nouveaux horizons s'offrent à nous et vous les voyez certainement déjà dans votre champ de conscience. Une vie pleine de sens est aussi une vie de challenges. Cela ne veut pas dire que vous allez avoir une énergie phénoménale chaque jour et que tous vos problèmes vont disparaître, mais que vous vous levez chaque matin en sachant précisément pourquoi vous vous levez et avec l'enthousiasme de croquer cette nouvelle journée à pleine dents car vous savez être sur la bonne voie. Vous vivrez toujours des moments difficiles. Tout ne sera pas tout rose, comme un long fleuve tranquille, ceci est un mythe également ! Ça s'appelle la zone de confort qui est comme un somnifère qui vous endort dans une situation qui n'est pas si confortable que ça mais dont vous vous contentez car ce n'est pas si terrible, ça pourrait être pire... La pire des situations est justement d'être rassasié car on commence alors à stagner. Or, la vie est mouvement. Vous savez ce que devient l'eau qui stagne, elle croupit ! Toute notre société est basée sur ce confort. Nous sommes surprotégés. Le moindre problème ou la moindre douleur qui survient est prise en charge. Le moindre microbe est pulvérisé. Vous voyez peut-être les avantages de ce système, et bien sûr il y en a, sauf que cela mène à des abus et à une déresponsabilisation. Ainsi, on ne supporte plus l'inconfort et on se fait assister aux frais de la société au moindre problème. Par conséquent, on n'arrive souvent pas à s'en sortir seul, on prend un doliprane à la moindre douleur, et *on est coupé de son âme car tout est là pour panser les plaies de l'égo et pour penser à notre place*. Même les personnes qui se disent spirituelles n'osent que très rarement faire le travail sur leur ombre car c'est inconfortable. Vous pouvez faire toutes les méditations et les soins angéliques du monde, si vous ne faites pas le job de mettre en lumière la noirceur, elle restera toujours là profondément enfouie sous des tonnes de beaux principes. Or, aucune croissance n'est possible dans cette zone de confort illusoire. C'est uniquement en période de stress, qui représente un effort ou une tension, que vous pouvez croître.

Lorsque vous entrez profondément en connexion avec votre vibration originelle, vous êtes alors soutenu par la Source et pouvez œuvrer pour le meilleur de chacun sans avoir besoin d'artifices. Vous vous sentez alors protégé à un niveau bien plus subtil. Votre Foi se développe et vous vous sentez en alignement avec les désirs de votre âme et votre chemin de vie. Personnellement, je sais que je suis ici en tant que guide pour vous aider à révéler cette vibration originelle et à la manifester physiquement en accord avec les lois de l'Univers. J'ai une vibration si haute qu'elle vous offre cette protection pour vous permettre d'avancer dans cette quête de vous-même. Mon souhait le plus profond est que vous n'ayez pas besoin de moi. J'œuvre pour la Libération de l'Humanité. Ma Libération a été tellement puissante et source d'une Joie incroyable que je souhaite partager aujourd'hui avec chacun. Une nouvelle fois, cela ne signifie pas que tout est rose. La vie sur Terre est pleine de surprises et de défis au quotidien. C'est souvent inconfortable et source de grandes émotions. Ces émotions sont justement notre force. Vous pouvez utiliser les plus belles pour rayonner et les plus basses pour vous réaligner et vous repositionner dans votre élan créateur. Il ne fait aucun doute que vous allez retrouver votre vibration originelle, il ne peut en être autrement. C'est la première voie sur laquelle nous devrions tous cheminer dès le plus jeune âge. C'est cette connexion qui me porte dans mon quotidien et me pousse à donner autant, à créer, à accompagner, à aider, sans attente de quoi que ce soit. L'Univers pourvoit à mes besoins sous différentes formes, que ce soit de façon monétaire à travers vos soutiens, ou autres. Cela n'a rien d'ésotérique. C'est simplement la magie de la Vie qui opère quand on s'ouvre à elle et que l'on s'autorise à recevoir. Cette connexion nourrit tellement que vous n'avez plus besoin de combler les manques dans votre vie. Vous mangez alors moins, vous dormez moins, vous avez plus d'énergie, une confiance folle en la vie, et vous avancez avec légèreté et un profond respect pour la magnificence de l'être que vous êtes. Vous êtes aussi beaucoup plus aimant envers vous-même et prenez soin de vous. Vous vous autorisez à pouvoir faiblir ou à vous reposer plusieurs jours d'affilés. Vous êtes centré dans le cœur et beaucoup moins dans la tête. On a avant tout soif de simplicité et de fluidité dans notre vie. On a besoin de toucher l'essence de notre vibration, la voix de notre âme, qui nous permet de nous exprimer magnifiquement dans la Légèreté. C'est cela qui vous permet d'activer la magie puisque vous donnez enfin les rênes à votre âme et non plus à votre mental qui se met naturellement en retrait et au service de cette dernière. A partir de là, vous avez juste envie de mettre en œuvre ce que vous crie votre âme de faire ! Si vous vivez dans un monde qui n'est pas votre création et que vous le subissez, alors vous ne ferez pas long feu. L'Univers sera tellement rude avec vous qu'il vous sera très difficile de supporter ces épreuves. Pourtant, elles ne sont là que pour vous permettre de lâcher le contrôle et de vous laisser porter par le courant de la Vie. Ce qu'il est important d'avoir à l'esprit et d'intégrer à chacune de vos cellules, c'est que vous avez le choix à chaque instant de créer la vie qui vous correspond ! Une vie qui a du SENS ! Combien de temps allez-vous encore vivre une vie vide de sens ? Vous pouvez avoir toutes les bonnes excuses du monde. Oui, vous avez peut-être des enfants, un mari intransigeant ou une femme exigeante qui vous empêchent de vous sentir libre. Ce sont souvent les domaines relationnels qui bloquent le plus, rapidement suivi par la peur de manquer d'argent. Comprenez également que ces situations qui semblent vous empêcher de vous exprimer sont là pour vous aider. Elles vous invitent à faire preuve de lucidité car elles ne sont que votre propre miroir. L'intransigeance que vous voyez à l'extérieur est le reflet de l'intransigeance que vous vous imposez à vous-même, certainement sans même vous en rendre compte. L'extérieur permet toujours de vous remettre en question. *Le monde extérieur est TOUJOURS le reflet de mon monde intérieur.* Ainsi, vous pouvez tirer des leçons de toute situation vécue. C'est à vous de comprendre qu'une situation qui vous bloque est passagère et permet l'ouverture vers ce qui aura vraiment du sens pour vous. Cette quête de sens est le fait de trouver le chemin le plus pertinent pour votre évolution personnelle et qui va vous permettre de faire briller votre pleine lumière et de la rayonner tout autour de vous. Ainsi, chaque personne à votre contact va se nourrir de belles énergies qui vont la magnifier. Si vous n'êtes pas à votre place, c'est l'inverse qui va se créer. Votre frustration va impacter les personnes qui vous entourent aussi. C'est d'ailleurs paradoxalement le cas pour de nombreux accompagnants ou experts dans le mieux-être qui ne sont pas à leur place. L'idée est simplement de vous en rendre compte, pas de vous flageller pour cela. Dans tous les cas, une vie vide de sens n'impactera jamais favorablement votre environnement, et votre vie sera toujours un reflet de ce vide que vous chercherez souvent à combler par différents moyens. Une vie épanouissante et pleine de sens n'est possible que si vous suivez la voie du cœur, celle qui vous emmène à votre juste place où vous pourrez briller naturellement. Vous serez alors en phase avec qui vous êtes au fond de vous et en accord avec vos talents naturels, vous permettant de vivre dans la fluidité et l'abondance à laquelle nous avons tous droit.

POURQUOI PARTIR EN QUETE DE SA MISSION DE VIE ?

Parce que vous ne pouvez pas y échapper ! Parce que l'humanité a besoin de vous ! Parce que la Terre a besoin de votre énergie !

« *La libération de la Terre, la libération des femmes, la libération de l'Humanité, est la prochaine étape de liberté sur laquelle nous devons avancer et le prochain pas vers la paix que nous devons faire.* »
Vandana Shiva, écologiste, écrivaine et militante féministe indienne

Je préfère mourir maintenant plutôt que de vivre à moitié. Je pense que vous saisissez maintenant que la mission de vie est une illusion. On pense que l'on doit absolument la trouver pour être à sa place et que tant que ce n'est pas le cas, on souffre. Le seul but que nous avons sur Terre est d'évoluer personnellement mais aussi collectivement. Le premier point est le plus important. C'est en prenant soin de soi avant tout que l'on va s'autoriser à se défaire de ses chaines et de se reconnecter à notre essence. Ainsi, nous pourrons également aider les autres à faire de même. La mission de vie a cet unique rôle : *être pleinement qui Je Suis et m'autoriser à faire ce qui permet à mon énergie originelle de s'exprimer dans son entièreté*. Cela ne signifie pas qu'un autre chemin ne vous le permettra pas. Mais il sera certainement plus difficile et vous ferez face à de nombreuses résistances. Ces dernières sont toujours des cadeaux que vous fait la Vie pour vous permettre de prendre conscience de ce qui doit être réglé en vous-même afin de vous réaligner. Le fait même d'apporter de la conscience dans votre vie vous permet d'entrer sur le meilleur chemin qui soit. Et si vous vous permettez d'avancer en conscience, vous allez ainsi accéder à de multiples possibilités pour rayonner et aider les autres à faire de même. Si vous êtes sur un chemin de lutte, alors vous ne pourrez aider les autres à votre tour car vous aurez besoin de toute votre énergie pour vous centrer sur vous et surmonter les épreuves de la vie. Lorsque vous trouvez votre véritable voie, alors tout se fait beaucoup plus facilement et dans la légèreté. Cette fluidité vous permet donc de pouvoir aider les autres naturellement car vous pouvez y dédier votre énergie. Bien évidemment, en étant dans cette fluidité, vous recevez des énergies de soutien considérables et votre énergie spirituelle est décuplée. Vous accédez naturellement à de nouvelles capacités et vous avez une connaissance cellulaire limpide de pourquoi vous êtes incarné ici et ce à quoi vous voulez contribuer chaque jour. C'est ainsi que vous devenez aussi une lumière pour les autres qui ont soif de cette liberté. Mais encore une fois, il n'y a aucune obligation dans ce que vous avez à faire. Rares sont les personnes ayant de très grandes missions qui vont impacter l'humanité toute entière. Et ces personnes sont naturellement guidées pour cela et sont dotées de toutes les caractéristiques nécessaires pour accomplir ce genre de prouesses. Tout ce que vous avez à faire dans la vie est de donner le meilleur de vous-même en étant centré sur votre être. C'est l'erreur que font beaucoup de personnes qui œuvrent pour le bien, pensant que le bien-être des autres passe avant le leur. Il n'y a rien de plus faux et illusoire.

JE passe forcément avant tout le reste car tout est Un et que le monde extérieur est Mon miroir. Tout ce que vous avez à faire est d'Être pleinement vous-même et de vous laisser traverser par le souffle vivant. Cela passe par une attention de tous les instants pour se centrer et être dans la meilleure énergie possible. L'autre est toujours mon reflet. Si ce que je vois à l'extérieur n'est pas en accord avec qui Je Suis, c'est que je suis décentré. Lorsque vous prenez conscience de cela, alors vous avancez sur un chemin plein de surprises qui vous emmène toujours plus loin dans la découverte du Soi. Naturellement, vous êtes amené à aider les autres de la même façon, que ce soit par votre activité professionnelle, vos actions du quotidien ou simplement par votre manière d'Être en ce monde. Votre impact est d'autant plus fort que vous prenez soin de vous, de vos pensées, de votre énergie. Et ceci vous donne alors un pouvoir et une énergie décuplée par rapport à la majorité des personnes qui ne vivent pas en accord avec la voix de leur âme. Oui, cette voix qui s'exprime à chaque instant en nous-mêmes pour nous guider et nous montrer la voie la plus juste. Chacun fait son expérience mais continuer à vivre dans le contrôle de l'égo n'est plus d'actualité. La voie de la fluidité et de la légèreté nous ouvre ses portes où il n'y a plus de tension ou de blocage car tout peut circuler naturellement. C'est ce chemin sur lequel vous êtes invité à aller aujourd'hui : celui de la Légèreté. Vous pouvez aussi choisir d'avancer dans la lutte mais ce chemin vous ramènera toujours à la simplicité. L'Univers ne laisse tomber personne et vous serez toujours guidé pour retrouver le sens du courant de la Vie. Parfois, vous pouvez aussi faire le choix d'aller à l'encontre de votre âme car vous ne vous sentez pas prêt à assumer les conséquences. Respectez-vous sur ce chemin de lâcher-prise progressif. Vous avez le libre-choix de faire tout ce que vous voulez et c'est à vous d'en assumer les conséquences. Ce qui compte est toujours d'avancer vers davantage de Lumière à cultiver et à rayonner.

- SECONDE PARTIE -

REVELER SA VIBRATION ORIGINELLE

« *L'âme est astre, et doit rayonner.* »

Victor Hugo

VOUS ETES FAIBLE ET EN SOUFFREZ

Aïe, l'égo pourrait être touché. Ou pourrait ne pas l'être. Qu'en est-il si je vous dis que vous êtes faible ? Cela fait-il écho en vous ? Avez-vous le sentiment de subir certaines choses dans votre vie ? Peut-être subissez-vous le manque d'argent, des relations conflictuelles, un travail harassant ? Ou peut-être que lorsque je vous dis que vous êtes faible, vous riez intérieurement car vous vous sentez puissant ! C'est tout le bonheur que je vous souhaite si c'est le cas et ce n'est que le début. Dans l'autre cas, c'est le début d'une nouvelle vie pour vous. Laissez-moi vous poser une question de taille. D'où viennent tous vos manques ? S'il y avait une racine commune à tous vos manques et à tous vos problèmes, quelle serait-elle ? Vous avez la réponse en vous et je vous laisse profiter de ces quelques lignes pour prendre le temps de la laisser émerger. Donnez-moi cette réponse à voix haute[4], ou si vous êtes gêné par les personnes autour de vous, en chuchotant. Faites-le avant de lire la suite. Le facteur commun de tous les résultats que vous connaissez dans votre vie aujourd'hui n'est autre que vous-même et à quel point vous vous êtes révélé à votre véritable nature. Autrement dit, c'est aussi

---

[4] Chaque invitation à parler à voix haute vous permet de réfléchir et trouver la réponse par vous-même. Vous intégrez alors différentes vibrations à travers la parole, l'ouïe et la vue, créant et activant différentes connexions neuronales.

à quel point vous vous êtes ouvert à l'Amour. Lorsque vous êtes puissant et reconnaissez pleinement l'être divin que vous êtes, que votre personnage est en lien avec votre âme et la Source, alors vous devenez intouchable en cela que plus rien ne peut vous affecter. Mais ce n'est pas le seul propos de cette partie. Si vous souffrez de quoi que ce soit, c'est aussi parce que vous êtes identifié à la réalité physique des choses. Or, je vous rappelle que la matière représente 0,001% de l'univers. Vous êtes constitué à 0,001% de matière tout comme toute chose qui cohabite dans votre vie. Si nous prenons l'exemple de l'argent, que représente-t-il pour vous ? Selon vous, est-il représenté par des billets, des pièces et des chiffres sur un compte en banque ? Ceci est l'illusion du 0,001%. C'est uniquement sa composante physique. Dans son essence, l'argent n'est qu'une énergie permettant de faire des échanges. C'est une merveilleuse énergie que l'on peut aimer et utiliser à notre avantage magnifier notre existence terrestre. On peut aussi lui faire porter le chapeau de l'origine de tous les malheurs et déséquilibres sur Terre et être en guerre contre lui. C'est votre choix. De même, si je vous parle du domaine amoureux, vous savez bien que l'attraction entre deux personnes n'est pas due au physique. On peut croire au premier abord que cela joue mais c'est avant tout une expérience énergétique qui se passe où certaines vibrations entrent en résonance et créent cette attirance mutuelle. Lorsque c'est seulement le physique qui attire, nous sommes alors dans l'illusion et cela crée rapidement de la souffrance. *Si je souffre de quoi que ce soit dans ma vie aujourd'hui, c'est seulement parce que je suis identifié à la dimension physique, dans cette illusion incroyable qui m'empêche de la vie comme elle est vraiment, sans jugement*. Tout n'est qu'énergie en mouvement permanent qui se déplace dans ce que l'on appelle le vide ou la vacuité. Il est grand temps de sortir de l'illusion. Chaque fois que vous vous sentez mal dans votre vie, c'est parce que vous prenez trop à cœur ce qui n'a que très peu d'importance. Pourquoi pleurons-nous les morts ? Parce que nous n'avons pas conscience, pour beaucoup d'entre nous, que ce n'est qu'un passage et que la vie continue pour eux sur d'autres plans. De plus, on peut rester en lien avec eux si on le désire vraiment. La mort n'est que l'âme hors... Dans beaucoup de peuples et de traditions, on fait la fête lorsqu'il y a un mort pour l'aider à monter vers la Lumière et que son âme ne reste pas roder sur Terre par attache émotionnelle ou énergétique. C'est d'ailleurs pour cela que nous avons besoin de tant de passeurs d'âmes de nos jours. Tout ce que vous vivez devrait être vu dans une dimension holistique qui vous permet d'en jouir de tous les bienfaits. Ainsi, vous pouvez toujours rester stable quoi qu'il arrive, conscient que ce que vous percevez avec vos cinq sens n'est qu'une très faible partie de la réalité et que la Vérité se trouve à un tout autre niveau. Ce tout autre niveau est celui où vous pourrez trouver votre vibration originelle, cette connexion subtile mais puissante avec votre âme et la Source et ainsi pouvoir être détaché de la réalité physique, tout en étant un créateur pleinement puissant, affirmé et bienveillant. Tout ce que vous percevez dans l'expérience physique avec vos 5 sens n'est que la résultante de nombreux autres plans non physiques. Avant qu'une maladie ou une douleur affecte votre corps physique, elle a affecté tous vos autres corps. Même lorsque vous vous coincez un orteil contre le pas de la porte, tout l'Univers a conspiré à vous faire vivre ce scénario qui reflète que d'autres parts de vous ont déjà été informé sans être écouté. C'est pourquoi les soins énergétiques guérissent certains maux sans pourtant agir sur le physique. Le corps physique se remet d'aplomb lorsque les corps subtils se réharmonisent. Bref, vous pouvez vous reconnecter à qui Vous Êtes vraiment dans votre Essence et Rayonner l'Être Prodigieux que Vous Êtes et cela commence Maintenant.

LES 12 REGLES D'OR POUR REVELER SA VIBRATION ORIGINELLE

Avant de passer aux pratiques extraordinairement puissantes qui vous permettront de vous mettre en lien avec votre énergie originelle, je vous propose 12 règles d'or absolument essentielles pour vous guider sur le chemin. Sans les respecter, vous pourriez voir naître de la frustration par manque de résultat. Le chemin sur lequel nous sommes demande une relation saine à soi et à son environnement. Cela passe par la simplicité. Le but de cet ouvrage est également de vous permettre de bousculer l'ordre naturel des choses en allant chercher là où vous n'avez jamais cherché. Vous allez ainsi ouvrir des portes dont vous ne soupçonnez pas l'existence et trouver des réponses inattendues. Lorsque vous partez en randonnée plusieurs jours en montagne, vous devez prévoir l'équipement nécessaire pour que cela se passe au mieux. Nous sommes ici exactement dans la même démarche et je souhaite m'assurer de vous donner les règles d'or à respecter afin d'être guidé au mieux dans cette démarche. Toutefois, ne tombez pas dans le piège du perfectionnisme en voulant les respecter à tout prix à la lettre. Ces règles représentent un idéal. Je succombe moi-même au chant des sirènes (règle n°9) régulièrement car il se fait toujours plus subtil et attirant. Mais lorsque vous êtes prêt, il ne vous attire plus et vous vous en détournez naturellement. Alors respectez votre rythme et votre niveau de conscience actuel et prenez plaisir dans l'expérience.

PREMIERE REGLE D'OR - SOYEZ DANS L'INTENTION DE TROUVER

« *Celui qui n'a pas d'objectif ne risque pas de les atteindre* »

Sun Tzu

Tout part toujours d'une intention. Le pouvoir de l'intention est fascinant car il a cette capacité à modeler les résultats que l'on va obtenir. Voici un exemple pour illustrer le pouvoir de l'intention. Si vous vous endormez le soir sans rien faire ou si vous émettez l'intention auparavant de passer la nuit la plus réparatrice de votre vie et de vous réveiller en pleine forme, vous vous rendrez compte au réveil de l'impact d'une telle suggestion. Une intention est tel un ordre envoyé à nos cellules et à notre subconscient. Je vous invite premièrement à être dans l'intention de trouver votre énergie originelle. N'émettez aucun doute là-dessus. Chacun l'a en soi et elle ne demande qu'à être révélée et exprimée à tout moment. Prenez l'habitude de vous rappeler le matin en vous levant d'être en alignement parfait avec votre énergie originelle, avec les lois universelles et que chacune de vos actions soient nourries de cette guidance divine. De cette façon, votre subconscient mettra en œuvre toutes les forces nécessaires pour vous apporter des indices qui vous permettront de vous rapprocher de qui vous êtes vraiment. Voici une intention que je considère comme magique et que je souhaite vous livrer ici. C'est une intention que vous pouvez émettre matin et soir. N'hésitez pas à l'adapter en fonction de votre ressenti :

Je demande à ce que ma prochaine étape dans le plan Divin se révèle clairement et m'apporte toutes les ressources dont j'ai besoin pour me révéler et m'exprimer pleinement et sans compromis. Je demande à ce que ceci se manifeste physiquement maintenant !

Vous pouvez également faire appel à la connaissance de vos talents, dons et informations de toutes vos vies. Ce type d'affirmation va permettre à tout votre être de s'aligner sur la volonté divine. L'intention va focaliser votre énergie sur un élément en particulier afin que l'Univers puisse œuvrer plus facilement à travers vous. Vous pouvez tout à fait avoir plusieurs intentions à émettre chaque jour à condition qu'elles n'entrent pas en conflit. Pour cela, il vous faut extraire l'égo de l'équation. C'est pourquoi, comme je l'ai déjà partagé en d'autres endroits, vous pouvez rajouter en fin de chaque intention « *ou quelque chose de mieux encore, en accord parfait avec mon âme et la Source.* », ou encore « *pour Mon plus grand Bien et le plus grand Bien de Tous.* ».

SECONDE REGLE D'OR - SOYEZ OUVERT D'ESPRIT, CURIEUX ET A L'AFFUT

« Ce n'est pas ce que vous ne savez pas qui vous pose des problèmes, mais c'est ce que vous savez avec certitude et qui n'est pas vrai. »

Mark Twain

Ce point-là, vous le retrouverez dans tout ce que je fais. Si vous avez lu mon livre phare sur la loi d'attraction, il est présent sous la forme de l'état d'esprit d'étudiant. C'est un MUST ! Plus vous serez dans une ouverture d'esprit élargie, plus vous pourrez accueillir le nouveau et ce dont vous n'avez pas conscience aujourd'hui. Ce principe est de la pure magie. La réalité est la suivante : On ne sait pas ce que l'on ne sait pas. Merci à ce cher Socrate de l'avoir statué. Notre champ de conscience est extrêmement limité. Et plus on avance dans la connaissance, plus on se rend compte de l'étendue de ce que l'on ne sait pas. On ne peut clairement le savoir en vérité puisque l'on ne sait pas ce que l'on ne sait pas. D'ailleurs, on ne pourra jamais tout savoir dans notre perception limitée d'être humain. Nous avons accepté cette existence tout en sachant les limites que l'on s'imposait dans cette dimension et cette matrice. Cela ne signifie pas que l'on ne peut faire éclater ces limites en se connectant à une Connaissance cellulaire qui dépasse cette réalité. Mais vous n'aurez jamais la vision d'ensemble. Si vous n'avez pas une idée très claire de qui vous êtes dans votre essence aujourd'hui et pourquoi vous vous levez tous les matins, alors la meilleure option est de vous ouvrir à ce que vous ne savez pas. Préparez-vous à être challengé car les réponses ne se trouvent pas dans votre champ de conscience actuel. Elles sont à l'extérieur, hors de votre écran radar. C'est en allant explorer les zones encore vierges de votre conscience et de votre vie que vous allez découvrir ces pépites. Ouvrez-vous au meilleur qui puisse vous être donné et vous allez avancer à pas de géant. Souvenez-vous toujours que la Vie ne vous donne que ce que vous êtes prêt à recevoir. Et aussi qu'elle ne vous donne que ce que vous vous êtes déjà donné. Être prêt à recevoir est un synonyme d'être prêt à donner puisque l'on ne peut donner ce que l'on n'a pas. Et on possède seulement ce que l'on s'est donné auparavant, ou encore ce que l'on s'est autorisé à recevoir... Il n'y a donc aucun risque, aucun mauvais chemin possible. Vous allez recevoir ce qui est juste pour vous en temps et en heure en fonction de vos différentes prises de conscience. Lorsque vous vous permettez d'avancer sur ce chemin en toute ouverture et en osant aller hors des sentiers battus, les découvertes se font de plus en plus vite et votre vie s'en retrouve enrichie comme jamais !

TROISIEME REGLE D'OR - ÊTRE AU CŒUR DE VOTRE INTUITION

« Il suffit de prêter attention ; les leçons viennent toujours quand vous êtes prêt, et si vous êtes attentif aux signes, vous apprendrez toujours tout ce qui est nécessaire pour l'étape suivante. »

Paulo Coelho

Voilà deux mots qui devraient vous guider pour le restant de vos jours. Le COEUR et l'INTUITION sont à l'origine de ce qui est le plus naturel et évident pour l'être humain. Nous sommes dans une société où nous avons appris à penser avec le cerveau gauche, à analyser, à essayer de comprendre tout ce que nous faisons. Ce n'est pas de cette façon que vous pourrez vous ouvrir à ce qui n'a ni forme, ni son, ni odeur pour nos sens physiques. Vous avez besoin ici de vous ouvrir à ce qui fait du sens pour vous, à ce qui vous fait vibrer au plus profond de vous. Vous avez besoin de vous reconnecter à qui vous êtes vraiment, à votre âme, à votre cœur et à votre intuition. Tous ces éléments ne peuvent être expliqués par le cerveau analytique. Vous devez apprendre à vous ouvrir aux messages de votre corps et de votre intuition, aux messages de la Vie, de votre âme et de votre partie divine. Peut-être que tout cela vous paraît un peu trop tiré par les cheveux et je vous invite à ne pas vous attacher aux mots. Ce qui compte par-dessus tout est d'être présent à vous-même et d'accueillir ce qui vient naturellement. Quand l'on coupe le mental, il se passe des choses merveilleuses car on commence à entendre les messages de notre âme, de notre intuition et à sentir les messages de notre corps. L'âme jubile lorsque l'on ralentit. Nos gestes se font plus doux, le flux de nos pensées se fait plus modéré et fluide, nos émotions s'apaisent, et l'on se sent bien plus détendu. Dans cet état, nous sommes en état réceptif. Le cœur et nos différents canaux de perception s'ouvrent. On peut ainsi capter des signes et messages qu'il nous est impossible de percevoir si on reste dans une activité incessante. On comprend alors instantanément si l'on est dans le vrai, dans ce qui est juste pour soi, ou si l'on doit faire des ajustements pour se réaligner. On peut déceler ce qui ne va pas, ce qui ne nous convient plus, et avoir une clarté sans précédent sur les différentes sphères de notre vie. Mon invitation est de ralentir votre rythme de façon à pouvoir capter tous ces signes. Chacun d'entre nous en reçoit en abondance chaque jour mais la plupart des gens ne les remarquent pas. Ils nous sont envoyés par de nombreux biais afin que l'on puisse les capter avec différents sens, différents points de vue, différentes approches. La magie de votre intuition et de la captation de tous ces signes n'est possible que si vous vous permettez de les recevoir en ralentissant sur tous les plans. Vitesse ne rime pas avec précipitation. Si vous êtes dans l'action Yang à 100%, vous ne pouvez être en réception Yin. Il est important de trouver votre équilibre afin d'avancer en confiance, avec sérénité, tout en vous sentant guidé.

QUATRIEME REGLE D'OR - SORTEZ DE VOTRE ZONE DE SECURITE

« Si tu es prêt à sacrifier un peu de ta liberté pour te sentir en sécurité, tu ne mérites ni l'une ni l'autre. »

Thomas Jefferson

« Le besoin de sécurité asphyxie l'âme. »

Alexandre Jardin

Deux citations pour le prix d'une pour mettre en lumière cette prison qu'est la sécurité. Puisque vous êtes ici à lire ces lignes, alors ce point numéro quatre est déjà une évidence. La vie récompense toujours l'action. Car l'univers est en mouvement permanent. Si vous êtes statique, à l'arrêt, c'est que vous faites affront à la vie qui vous a été donnée. Regardez la Nature elle-même. Elle croît sans cesse. Elle montre l'exemple. On n'est pas là pour se tourner les pouces ! Vous n'êtes pas la personne que vous êtes dans la situation où vous êtes par hasard. Tout est juste et à sa place dans l'univers, et même si vous n'avez pas cette impression, on ne peut saisir cela de notre perspective humaine très limitée. Soyez simplement dans une démarche proactive. La paresse est l'ingrédient principal de l'échec. Et elle s'illustre parfois dans la peur ou l'abandon. Tant que vous n'abandonnez pas, vous êtes sur le chemin de la réussite. Continuez toujours à avancer quoiqu'il arrive. Mais souvenez-vous, n'avancez pas tête baissée comme une mule sans être à l'écoute des signes de votre corps et de la vie. Si vous faites fausse route, vous le savez intérieurement et c'est pourquoi vous vous devez d'écouter les signes. Je tiens à mettre en lumière ici le fait que vous puissiez être dans une action active ou une action passive. Les deux ont leur importance. L'action passive est celle où vous êtes en réception, où vous vous accordez ces temps de pause où vous prenez le temps de vivre, de méditer, de vous accorder du repos, afin de pouvoir repartir du bon pied dans une action active dans la meilleure des énergies. L'action passive vous permettra aussi de pouvoir sortir de votre zone de sécurité beaucoup plus facilement car vous vous sentirez plus zen et soutenu par la vie. La vie est une aventure pleine de surprises si l'on s'autorise à la vivre pleinement. Vous n'êtes certainement pas fait pour rester des dizaines d'années dans la même entreprise à faire les mêmes choses de la même façon chaque jour. Chaque journée offre un panel d'expériences incroyables. Vous pouvez à la fois faire des choses très différentes, tout comme faire les mêmes choses de façon différente. Le maître mot de cette partie est d'OSER. Vous n'avez rien à craindre. Vous n'allez pas mourir en faisant des choix différents ou en allant à l'encontre de ce que les autres attendent de vous. Tout est expérience. Vous n'avez rien de précis à atteindre, seulement à rayonner qui vous êtes. Et plus vous vous enrichirez d'expériences différentes où vous pourrez vous exprimer différemment, plus vous saurez trouver votre voie naturellement.

CINQUIEME REGLE D'OR – NE VEGETEZ JAMAIS, SOYEZ ACTIF ET DANS LA MAITRISE

« Il n'y a pas de maîtrise à la fois plus grande et plus humble que celle que l'on exerce sur soi. »

Léonard de Vinci

Certaines personnes ne jurent que par leurs actions, d'autres uniquement par la qualité de leurs pensées ou de leur énergie. Ni l'une ni l'autre n'est équilibrée sur ce genre de voie. Nous venons sur Terre pour ancrer dans la matière notre énergie spirituelle. Il nous est donc demandé un effort et des actions concrètes. Toutefois, ce n'est pas une raison pour agir n'importe comment. Vous l'avez déjà saisi, ce qui compte est bien la qualité de vos actions et non les actions elles-mêmes. Autrement dit, c'est l'énergie que vous insufflez dans chaque action qui crée des résultats. La réalité physique n'est qu'une illusion, tout est fréquence vibratoire, tout est vibration en mouvement permanent derrière le masque de l'illusion physique. Cela nous amène à la notion de maîtrise. Notre incarnation terrestre nous demande de faire preuve de contrôle. Ainsi on apprend très rapidement à contrôler notre existence, à faire en sorte que l'on puisse canaliser notre énergie dans nos différents domaines de vie afin de trouver un équilibre. Toutefois, ce contrôle se transforme rapidement en prison, empêchant l'énergie de Vie de s'exprimer librement à travers Soi. Mais cela ne veut pas dire pour autant de se laisser porter comme une feuille dans le vent. Si vous êtes complètement libéré de vos chaines, vous pouvez vous laisser porter, car vous saurez saisir les perches que vous envoie l'Univers pour être dans une action inspirée à chaque instant. Cette maîtrise-là est difficilement atteignable dans une société où les sollicitations se comptent par dizaines de milliers chaque jour. Discernez bien les notions de contrôle et de maitrise. La maitrise est l'essence du contrôle en quelque sorte. Elle permet de canaliser votre énergie originelle vers des projets et désirs concrets. En étant ouvert tout azimut, on peut facilement laisser échapper sa précieuse énergie aux différentes sollicitations. Ainsi, vous devriez toujours savoir recentrer votre énergie sur l'essentiel de façon à rester dans une action consciente et focalisée. Vous ne pourrez rien accomplir sans concentrer votre énergie sur ce qui a le plus d'importance pour vous maintenant. Vous savez que vous devez mettre un point d'honneur à exprimer pleinement qui vous êtes. Cela demande votre participation active et une maitrise de votre énergie personnelle. C'est à la fois votre énergie physique, mentale, émotionnelle et spirituelle. Cet équilibre vous permet de sentir cette fluidité et d'insuffler cette force dans chacune de vos actions nourries d'une intention de cœur en alignement avec la Source. Ne craignez donc pas d'imposer votre statut de créateur puissant car vous êtes Dieu, tout comme la goutte d'eau est l'Océan. Affirmez cette énergie masculine divine en équilibre avec votre énergie féminine divine qui vous permettra d'offrir le meilleur de Vous.

SIXIEME REGLE D'OR - N'ATTENDEZ RIEN (OU SIMPLEMENT LE MEILLEUR...)

« L'attente est plus dure à supporter que le feu. »

Proverbe arabe

La plupart des êtres humains des sociétés industrialisées sont dans une recherche du toujours plus. On peut toujours aller plus loin, plus vite, être plus fort, avoir plus de biens et plus de confort. Cette démarche pousse à être dans l'insatisfaction constante puisque l'on n'est jamais rassasié par ce que l'on obtient. Il nous faut toujours plus. C'est le vice du désir égotique qui nous amène souvent à détester notre propre vie car elle est vide de sens et remplie seulement par les objets et la volonté d'en avoir toujours plus. Si vous souhaitez vous reconnecter à votre essence profonde, trouver ce qui vous fait vibrer, mettre en lumière votre vibration originelle, alors vous devez arrêter cette course qui est contreproductive. Elle l'est car la recherche permanente de résultats fait naître la frustration de ne jamais être comblé. C'est uniquement en lâchant prise sur les résultats que vous obtiendrez les meilleurs. Retrouver son essence et sa vibration originelle est une véritable quête de connaissance de soi. Elle est déjà là, prête à se manifester pleinement lorsque vous serez prêt. Vous êtes en train de planter les graines de votre succès et de votre bien-être. Vous êtes forcément sur le bon chemin. Ne vous mettez pas de pression inutile. Chaque chose est juste, à sa place et arrive au meilleur moment pour que vous avanciez du mieux possible. C'est en étant dans cette démarche à la fois proactive et de lâcher-prise que vous pourrez activer la magie dans votre vie. Ne vous prenez pas la tête. Avancez à votre rythme, en conscience, en faisant les exercices qui vous parlent, en restant dans cette belle intention, et vous trouverez de façon sûre des indices qui vous permettront de vous apporter cette clarté que vous recherchez. Rien qu'en mettant votre attention sur tout cela, vous montrez à l'Univers que c'est votre volonté et vous Lui permettez de s'exprimer de plus en plus à travers Vous et de prendre de plus en plus de place dans votre vie. Laissez simplement faire les choses tout en étant présent à vous-même et en continuant à avancer, quoiqu'il arrive. Ce que vous êtes venu faire sur cette Terre est inscrit en vous. Vous le savez, au plus profond de votre être. Peut-être ne l'avez-vous pas encore découvert consciemment. Peu importe. C'est là. Et ça attend que vous mettiez le doigt dessus. Parfois, certaines personnes souhaitent tellement trouver leur voie et ce qui les fait vibrer qu'elles ne la trouvent jamais. Une trop forte focalisation sur les résultats laisse le mental aux commandes, faisant naître les doutes et les peurs associées. Ce que je vous recommande de faire est d'être absolument sans attente. Faites de votre mieux sans rien chercher à atteindre. Soyez ouvert d'esprit. Soyez opportuniste. Saisissez les indices qui se montrent à vous et servez-vous-en. Mais ne vous torturez surtout pas l'esprit avec cela. Car c'est en vous et n'attend qu'un véritable relâchement de votre part pour s'exprimer. Néanmoins, souvenez-vous que c'est aussi et surtout en vivant des expériences riches et variées que vous trouverez votre véritable nature.

SEPTIEME REGLE D'OR – VOUS ÊTES LA SOLUTION

« Connais-toi toi-même et tu connaitras l'Univers et les dieux »

Socrate, inspiré du temple de Delphes

Vous pouvez être en quête indéfiniment. Vous pouvez chercher des réponses toute votre vie. Il arrive un moment où il faut arrêter de chercher pour trouver. Afin de trouver les réponses que vous souhaitez tant toucher du doigt, il vous faut arrêter de les chercher à l'extérieur. Toutes les réponses sont à l'intérieur de vous, au cœur de votre âme. L'Univers est fractal, tout est contenu dans la moindre parcelle de l'Univers. L'infiniment grand est contenu dans l'infiniment petit. Vous pouvez ne pas y avoir accès consciemment car notre esprit conscient ne peut tout enregistrer. Or, la connaissance est inscrite dans vos gènes au sein de chaque cellule de votre corps. La solution à tous vos problèmes ne se trouve pas à l'extérieur car VOUS êtes la solution. C'est en vous tournant vers votre intérieur et en faisant la lumière là où vous n'avez jamais mis votre conscience que vous pourrez voir la vérité, l'information ou la prise de conscience que vous cherchez. L'extérieur vous servira toujours de catalyseur. Il permet de vous faire miroiter ce qu'il y a en vous. Tout exercice que vous pouvez faire, toute personne à laquelle vous parlerez, toute situation vécue, vous permet de regarder différemment en vous. Tout est dans la conscience de soi. Connais-toi toi-même ! C'est une clé magistrale. Toute votre vie est un reflet de ce que vous vibrez et de qui vous êtes. Toutes vos habitudes, agissements et résultats témoignent de ce qu'il y a en vous. Vous ne pouvez pas mentir à l'Univers car il sait tout de Vous. Seul l'égo pense pouvoir cacher ce qu'il protège. Nous vivons encore dans un monde où il est possible de mentir car peu de personnes peuvent encore déceler la vérité du mensonge. Dans une humanité qui aura évolué spirituellement, le mensonge ne sera plus possible. Chacun verra ou ressentira tout ce qui n'est pas dans une authenticité absolue. De façon ultime, vous ne devriez jamais croire quoi que ce soit de l'extérieur sans valider intérieurement ce que vous voyez, entendez ou percevez. On peut vous prouver par A plus B telle chose, si intérieurement vous ressentez une tension, c'est qu'il y a anguille sous roche. Soit cette vérité vient ébranler la vôtre, soit elle n'est pas en accord avec ce que vous ressentez comme juste au fond de vous. C'est pourquoi vous seul avez les réponses à vos questions. D'autres peuvent vous aider à mettre de la lumière là où il n'y a qu'obscurité pour vous. Mais je vous invite à vous faire confiance plus que jamais car c'est ce qui vous est demandé sur ce chemin. Vous devez faire confiance à votre cœur et à votre intuition, conscient que vous avez toutes les réponses en vous et qu'il vous suffit de vous autoriser à vous écouter et vous suivre pleinement et sans compromis. Et en parlant de compromis, je vous emmène à la huitième règle d'or.

HUITIEME REGLE D'OR – NE TOLEREZ PLUS LES COMPROMIS

« Quand quelqu'un prend une décision, il se plonge en fait dans un courant impétueux qui l'emporte vers une destination qu'il n'a jamais entrevue, même en rêve. »

Paulo Coelho

Cette quête demande de vous un engagement total et sans compromis. Tant que vous hésitez ou que vous faites encore des choix issus de l'égo, alors vous ne pouvez pleinement manifester votre essence ici. Révéler qui Je Suis est un engagement. Tant que votre engagement n'est pas clair et pur, votre chemin sera comme encombré de tout ce que vous gardez avec vous et dont vous n'avez plus besoin. Afin de manifester pleinement l'être divin que vous êtes dans le plan physique et dans votre quotidien, vous devez vous engager sur cette voie. L'engagement fait souvent peur car on y est très peu habitué. Il est souvent synonyme d'inconnu et de peur. Pourtant, vous vous engagez ici à retrouver qui vous êtes vraiment derrière le masque de l'illusion. C'est donc tout ce qu'il y a de plus connu mais ce n'est pas dans votre esprit conscient. C'est un abandon total qui vous est demandé afin de pouvoir libérer ce qui empêche votre être profond de s'exprimer naturellement. Pour ce faire, vous ne pouvez plus tolérer les compromis. Il vous est demandé d'avoir le courage ou la foi de prendre les décisions qui s'imposent afin d'être libre d'être ! Vous pouvez tout à fait vous respecter sur ce chemin et accepter de faire des erreurs parfois, si vous les considérez comme telles. Peu importe de tomber. L'important est de se relever et de toujours avoir son regard vers ce que l'on souhaite vraiment au plus profond de soi-même. En soi, la connaissance est là à disposition dans chacune de vos cellules. Mais vous pourriez ne pas être prêt à la révéler. Ainsi, avancez à votre rythme, en vous respectant, et au fur et à mesure de vos prises de conscience, vous saurez vous rapprocher de votre Vérité. Quoiqu'il en soit, vous ne pouvez garder un pied dans l'ancien monde et un pied dans le nouveau. Il y a des décisions qui doivent être claires, précises et auxquelles vous ne pouvez déroger. Lorsque vous vous engagez sur une voie que vous savez être juste pour vous, rien ni personne ne devrait pouvoir vous empêcher d'avancer. Imaginons que vous décidiez de ne plus manger de produits animaux pour des convictions profondes. Si chaque fois qu'une belle occasion se présente, vous cédez à la tentation d'en prendre un morceau, vous ne serez jamais au clair avec vous-même. C'est ce qui s'appelle la dissonance cognitive, c'est-à-dire lorsque les paroles et les actes ne sont pas en cohérence, ce qui crée des incongruences énergétiques. Je connais une personne qui a arrêté le sucre industriel pour de multiples raisons. Même pour son anniversaire, il ne cèdera pas à la tentation de prendre un morceau de gâteau car céder une seule fois, c'est ouvrir la porte à de nombreuses dérives. Je sais, l'extrémisme n'est pas loin, et je ne vous dis pas de vous créer des prisons. Ne tolérez simplement plus ce qui empêche votre âme de s'exprimer pleinement. Epurez votre existence progressivement de ce qui entrave votre quête afin d'avancer sur le plus beau des chemins.

NEUVIEME REGLE D'OR – RESISTEZ AU CHANT DES SIRENES

« Rien ne résiste à celui qui ne se laisse pas arrêter en chemin, car il déclenche de puissantes lois devant lesquelles les obstacles finissent par céder. »

Omraam Mikhael Aïvanhov

Le « mal » se déguise parfois en émissaire du « bien ». La vie est ainsi faite que lorsque vous vous engagez ou prenez une décision, elle vous enverra de nombreux tests pour s'assurer que vous êtes prêt. Elle vous fera douter, elle vous enverra des nouvelles opportunités terriblement alléchantes, elle fera en sorte que votre décision puisse être mise à mal. Plus la décision est grande, plus les tentations peuvent être fortes. En réalité, ces dernières ne sont qu'un reflet de votre propre incertitude. C'est pourquoi lorsque votre décision est ferme et que vous n'autorisez plus les compromis, alors tout devient extraordinairement fluide ! Le chant des sirènes sera là pour vous attirer dans les eaux profondes et vous faire dériver. Cela ne pourra pas arriver si vous êtes ferme et avez la sagesse d'aller au bout de vos convictions. Ici, nous parlons de révéler pleinement qui vous êtes, de mettre en lumière votre vibration originelle à partager inconditionnellement au monde. Lorsque vous vous permettez de la faire rayonner, tout devient évident. Mais nous avons tous mis en place de nombreuses stratégies par peur de faire face à notre ombre et par peur d'assumer la responsabilité de notre Lumière. Il faut alors déconstruire tout cela et se détacher de toutes ces attaches futiles. Elles ont fait partie de votre expérience et elles sont parfaites comme ça. Mais lorsque vous vous engagez entièrement sur la Voie de Libération, alors vous vous détachez naturellement de ce qui n'a plus lieu d'être. Ces éléments vous ont nourri et protégé pendant de nombreuses années. Mais lorsque l'on sait marcher, on n'a plus besoin de béquille. Lorsque l'on sait faire du vélo, on peut enlever les roulettes de soutien. C'est le véritable envol, le plongeon avec foi dans la vastitude de la Vie qui vous offrira un merveilleux soutien inconditionnel. Nous l'avons vu dans la première clé, tout ce que vous faites est toujours nourri de l'énergie de votre intention. Ainsi vous pouvez faire toutes les « bonnes actions » du monde, mais si vous les faites avec colère, vous semez alors la colère et en récolterez davantage. Le même esprit s'applique lorsque vous faites des choses de façon banale et automatique. Vous pouvez avoir pris certaines « bonnes habitudes » que vous faites sans même y penser et qui n'ont donc aucune énergie. Ces habitudes sont aussi comme le chant des sirènes qui vous rappelle chaque jour au même moment pour vous faire dériver. Il s'agit alors ici de devenir pleinement lucide et conscient de vos agissements, de vos habitudes et addictions de tout type, afin de mettre la lumière sur ce qui vous empêche de briller. Pour le moment, restez dans cette intention pure de trouver ce que vous êtes venu chercher. Si vous avez des prises de conscience sur le chemin, notez-les et mettez en place des actions pour tout de suite ancrer les décisions prises.

DIXIEME REGLE D'OR – GOUTEZ AU PLUS PRECIEUX DES NECTARS

« Qui a goûté de l'absolu, qui a effleuré l'idéal ne se contente plus de quelque chose de moins. »

Henri-Frédéric Amiel

Je pourrais vous expliquer chaque jour tout au long de votre vie à quel point j'aime le miel et tous ses parfums délicats qui sont une jouissance absolue à chaque bouchée. Tant que vous n'aurez pas goûté le miel par vous-même, vous ne pourrez savoir précisément ce dont je vous parle. Je peux vous mettre l'eau à la bouche en vous parlant de miel mais vous n'aurez que le goût de la salive. Vous pourrez vous en faire une idée, et même peut-être en parler encore mieux que moi. Mais vous ne saurez toujours pas ce que c'est vraiment. Le paradoxe, c'est que la plupart des gens recherchent des solutions mais ils peuvent voir les plus belles choses et entendre les plus belles paroles, ce qu'ils veulent vraiment c'est sentir, être, expérimenter. Vous voulez goûter le miel ! Vous savez bien que tout est Un, que tout est Amour, que vous êtes déjà éveillé, et blablabla. Mais vous êtes-vous fait le cadeau de l'expérience ? Plutôt que de chercher désespérément et de vouloir avoir des réponses, vous permettez-vous de les trouver à la meilleure Source, celle qui est en Vous ? Combien d'entre vous qui lisez ces lignes vont vraiment oser se faire le cadeau de l'expérience ? L'objectif n'est pas de vous culpabiliser ou de vous mettre une quelconque pression. Vous avez votre rythme et avancez en fonction de vos élans de cœur et de ce que vous ressentez juste. Gardez toujours cela pour vous. A présent, si vous désirez vraiment goûter à la plus belle des expériences, celle de l'Amour véritable, de la Pleine Expression du Soi, de cette Connexion avec le Tout et avec Tout ce qui Est, alors expérimentez. Goûtez maintenant. C'est accessible maintenant. Vous n'avez pas besoin de lire des dizaines de livres de plus. Vous n'avez pas besoin de méditer encore pendant des années pour atteindre l'état de *Samadhi*. Vous n'avez pas besoin de rencontrer des grands maîtres. Vous n'avez pas besoin de faire des pratiques quotidiennes physiques, mentales, énergétiques et spirituelles. Vous avez simplement besoin de suivre vos élans d'âme, de vous permettre d'expérimenter et de goûter au plus précieux des nectars. Tout ce que vous avez lu jusqu'à présent a commencé à infuser toute votre être car mon intention est que chacun de ces mots ouvre toujours davantage votre cœur et vous éveille à la Toute-Puissance que vous Êtes.

ONZIEME REGLE D'OR – INTEGRITE, AUTHENTICITE, RESPONSABILITE

« Soyez vous-même, les autres sont déjà pris. »

Oscar Wilde

Tout ce travail n'est possible qu'en étant entièrement sincère et authentique tout en ayant conscience que mon monde extérieur n'est qu'un reflet de mon monde intérieur et donc que j'en ai la pleine responsabilité. Que vous parliez de votre ombre à d'autres ou que vous fassiez ce travail par vous-même, le maître mot est l'authenticité. Tant que vous vous mentirez à vous-même, cacherez aux autres certaines choses, et serez dans le déni de vos rôles et fausses identités, alors vous serez bloqué. Le plus important est de toujours garder cet œil observateur puisque ce corps, ces pensées, ces croyances, émotions et ressentis ne sont que des expériences qui n'appartiennent pas à l'âme. Mais ils font obstacles à votre pleine expression en cette incarnation. Alors restez détaché de tous ces éléments tout en devenant de plus en plus proche de l'authenticité totale. Vous avez choisi de revêtir de nombreux vêtements dans votre vie et chacun d'entre eux peut avoir un grand impact. Personnellement, en étant guide, coach ou enseignant, cette casquette a été une plaie dans ce travail. Beaucoup m'ont mis sur un piédestal et je me suis moi-même caché derrière cette étiquette du sage qui a tout compris et qui doit le montrer ! Bien sûr, tout ceci se passe inconsciemment. J'ai dû faire face à cette part de moi qui ne voulait pas se montrer, notamment en commençant certains ateliers en disant toutes mes peurs et mes croyances les plus ridicules. Cela permettait à chacun de se sentir plus humain, compris dans ses apparentes faiblesses. Et exprimer ces choses-là permet une véritable libération. Comme toujours, le tout est de se respecter dans ce que l'on est prêt à révéler ou non. Vous n'avez rien à atteindre alors ne vous mettez pas la pression inutilement en cherchant à aller plus vite que la musique. Vous êtes précisément la meilleure personne au meilleur endroit et au meilleur moment pour avancer au mieux sur ce merveilleux chemin de la Libération. Au fil de mes recherches, je suis tombé sur cette phrase : « *Une femme est belle lorsqu'elle ose être qui elle est, quand elle ose danser sa vie et quand elle oser exprimer ses ressentis. Elle révèle alors sa sensualité naturelle, en étant simplement elle-même, parfaite, dans sa parfaite imperfection.* ». Être pleinement soi-même permet d'incarner notre énergie originelle et d'exprimer la perfection de l'Univers. C'est un cadeau que l'on se fait à soi et on honore le don que la Vie nous fait. Ainsi, l'Amour et l'Harmonie peuvent s'exprimer librement. Ils deviennent à la fois synonymes de douceur et de Puissance. On devient alors un créateur tout-puissant au service de la Vie et des autres.

DOUZIEME REGLE D'OR – TOUT RESSENTIR

"Si vous ressentez vos chaînes, vous êtes déjà à moitié libre."

Proverbe Anglais

J'ai envie de parler à cette jolie fille assis à la table là-bas qui m'attire... J'ai envie de partir en voyage seul autour du monde... J'ai envie de faire un jeûne de 40 jours... J'ai envie de lui dire Je t'aime... J'ai envie de quitter ce job et me lancer avec mon food-truck... Combien d'élans du cœur avons-nous dans notre vie et combien suivons-nous vraiment ? Le pourcentage est souvent très faible. La raison est simple : *je n'ose pas ressentir. Je n'ose pas vivre ce qui me fait peur. Mon mental me donne trop de raisons de ne pas y aller. Je ne veux pas sentir ma gorge se serrer. Je ne veux pas être ridicule. Je ne veux pas devenir tout rouge. Je ne veux pas bégayer et ne plus savoir quoi dire. Je ne veux pas avoir faim. Je ne veux pas ressentir le vide ou l'ennui. Je ne veux pas être triste ou en colère. Je ne veux pas avoir à subir le regard de mes proches. Je ne veux pas vivre dans le doute et l'inquiétude ou inquiéter mes proches. J'ai peur.* Bienvenue dans le monde des êtres humains aseptisés ayant oublié le sens de l'humanité. On cherche la perfection, l'approbation, l'acceptation et on en oublie d'être soi. Pourtant, combien de regrets avez-vous face à des situations que vous n'avez pas osé vivre par peur de ressentir ce que vous ne souhaitiez pas ressentir ? Le paradoxe, c'est que tout ce que vous refusez de ressentir est ce qui bloque l'expression de votre Vibration Originelle. Alors, il se pourrait bien que vous ayez secrètement peur de cette dernière et c'est pourquoi vous la bloquez ou limitez inconsciemment. Elle est bien mystérieuse, certainement puissante, mais à quel point ? Mieux vaut ne pas trop s'y piquer tout compte fait. Cette douzième et dernière règle d'or est la plus difficile car elle vous demande de tout ressentir. Vous n'avez rien à faire de particulier. Vous n'avez rien à prouver. Tout ce que vous avez à faire est d'être VOUS. C'est en vous permettant de vivre toutes ces sensations, émotions et sentiments que votre âme va fleurir et s'incarner pleinement. Je vous emmène maintenant sur le chemin de l'expérimentation. Chacun des points peut être l'objet d'une observation, d'un voyage intérieur, de l'émergence de plein de belles surprises. Restez dans un esprit d'ouverture totale pour vous permettre de capter tous les messages que votre âme s'apprête à faire renaître dans votre conscience.

RAPPEL DES 12 REGLES D'OR

- Première règle d'or - Soyez dans l'intention de trouver
- Seconde règle d'or - Soyez ouvert d'esprit, curieux et à l'affut
- Troisième règle d'or - ÊTRE Au CŒUR de votre INTUITION
- Quatrième règle d'or - Sortez de votre zone de sécurité
- Cinquième règle d'or – Ne végétez jamais, soyez actif et dans la maîtrise
- Sixième règle d'or - N'attendez RIEN (ou simplement le meilleur...)
- Septième règle d'or – VOUS ÊTES la solution
- Huitième règle d'or – Ne tolérez plus les compromis
- Neuvième règle d'or – Résistez au chant des sirènes
- Dixième règle d'or – Goûtez au plus précieux des nectars
- Onzième règle d'or – Intégrité, Authenticité, Responsabilité
- Douzième règle d'or – Tout RESSENTIR

LA MANIFESTATION DE LA VIBRATION ORIGINELLE

Ces 12 règles d'or vous accompagneront sur ce chemin de votre expression totale et sans compromis. A présent, nous allons passer à la partie très pratique. Afin de trouver votre vibration originelle, je vais vous proposer deux solutions d'une puissance phénoménale, et toutes deux très imbriquées. La seconde sera essentielle, vous devrez y passer. La première peut ne pas être nécessaire mais permet de prendre un raccourci tellement incroyable que je souhaite vous la présenter en premier. C'est l'essence même de ce que je souhaite partager dans ce livre. Ne serait-ce que la compréhension intellectuelle de la chose vous ouvrira des portes grandioses qui vous conduiront vers la véritable Connaissance. Celle-ci vous libèrera naturellement de vos chaînes. Acceptez aussi le processus qui peut être plus ou moins long en fonction de votre volonté et de votre engagement, ainsi que de toutes les barrières que vous avez érigées au cours de vos vies et qui vous empêchent d'Être aujourd'hui.

Avant de commencer, je souhaite préciser un point capital. Cette connexion à la vibration de votre âme peut se passer de multiples façons. Elle peut être un ressenti énergétique et ce sera toujours en votre fort intérieur que vous capterez ces informations. Cette énergie peut aussi choisir de se révéler à vous sous formes de mots, de sons, d'images, de symboles, d'êtres de tous les règnes, et ainsi de suite.

Ouvrez-vous donc pleinement à ce processus magique qui vous permettra de vous redécouvrir en profondeur et pourvoir réaligner toute votre vie sur cette énergie. C'est parti pour ce voyage qui est le plus beau que vous puissiez vivre et qui transformera votre existence à jamais et pour le meilleur de l'humanité.

LA CONNEXION AVEC LA SOURCE

La première solution pour trouver sa vibration originelle est de se connecter avec la Source, Dieu, l'Univers. Tout ceci peut paraître bien pompeux et réservé à quelques initiés sur Terre. Je l'ai découvert par hasard en Janvier 2016 et je sais depuis que c'est une pratique tellement puissante qu'elle vous permettra d'accéder à des strates de votre être que vous ne soupçonnez certainement même pas aujourd'hui. Quand on ne sait pas quelque chose, on ne peut vraiment prétendre que ça existe. Lorsqu'on le vit, on trouve cela évident et on se demande comment on a pu passer à côté tout ce temps. Tout comme les personnes éveillées remarquent celles qui le sont et celles qui sont endormies, tandis que les personnes endormies ne peuvent voir les personnes éveillées car c'est hors de leur champ de conscience. Je me suis mis récemment à voir les véritables enseignants des faux enseignants. Beaucoup partagent de fausses informations basées sur leurs interprétations mentales. Ils pensent être à leur place, écrire des livres et faire des stages et ateliers pour aider les autres, alors qu'ils les enferment davantage. Je ne dis pas que c'est mal car chacun fait son expérience et tout est juste et à sa place. Je vous partage cela pour que vous puissiez comprendre l'ouverture que cela peut vous apporter. Lorsque vous devenez plus conscient, vous pouvez alors voir, entendre, ressentir, ce que vous ne pouviez pas capter auparavant. Si je suis en haut de la montagne, je peux voir tout le panorama, toute la vallée et avoir conscience du chemin que j'ai parcouru pour y arriver. Si je suis en pleine forêt, je ne peux pas voir grand-chose. Toutefois, il y a des paliers ou plateaux que l'on peut atteindre régulièrement qui font office de prises de conscience et apportent soudainement de la lumière sur ce qui était caché auparavant. Avec cette connexion, vous développez naturellement des aptitudes que vous pensiez réservées à des grands maîtres. Cela commence par la réception d'informations par des biais de tout type. C'est d'ailleurs comme cela que j'ai écrit la plupart de mes livres, en lien avec mon énergie source, et en téléchargeant des informations qui me paraissaient complètement dingues. C'est comme si j'avais des certitudes pendant longtemps, confortées par tout ce que j'avais lu et entendu sur ces sujets, puis tout à coup je recevais des informations qui faisaient la lumière dans mon esprit et me faisait vraiment comprendre et intégrer la chose en question. C'est ainsi que j'ai compris à quel point nous passions à côté de l'essentiel sur certains sujets spirituels. Quand on parle par exemple de réincarnation ou d'évolution spirituelle, la majorité des gens se fourvoient complètement. Et je parle ici du milieu spirituel, les autres n'y pensent même pas et c'est certainement mieux comme ça. Il vaut mieux être ignorant que croire dur comme fer en un mensonge. Comme toujours, lorsque vous ne savez pas quelque chose consciemment, faites toujours appel à votre ressenti intérieur pour savoir si ce que l'on vous présente est juste ou non. Restez toujours dans cette attitude d'étudiant prêt à remettre en question tout ce que vous pensez savoir. Ensuite, cette connexion vous permet de pouvoir influer sur la matière autour de vous, autant sur le plan énergétique que physique. Vous pouvez également percevoir en vous et autour de vous tout ce qui est d'ordre subtil. Comment pensez-vous que l'on puisse connaître l'emplacement des chakras par exemple ? Des personnes ont développé des capacités permettant de les voir grâce au troisième œil, ainsi que les ressentir énergétiquement, et ce depuis des millénaires. La connexion à la Source est dans la même dynamique. Tant que vous ne savez pas que cette force incroyablement puissance est disponible à chaque instant pour vous et que vous pouvez vous y connecter et en être nourri sur tous les plans, vous ne pouvez en soupçonner l'existence. La physique quantique a apporté des progrès spectaculaires ces dernières années et l'on peut donc avoir conscience de bien des phénomènes sans même les avoir expérimentés. Pour simplifier les choses, on sait aujourd'hui que l'Univers dans son ensemble est constitué à 99,99% de vide qui est rempli d'énergie en mouvement permanent. Nous savons aussi que la densité de ce vide est infiniment plus dense que la matière elle-même. Pour faire une comparaison, un centimètre carré de vide est 39 fois plus dense que la masse totale de l'univers observable. On est d'accord, il n'y a pas de commune mesure ! Et pourtant, on a bien l'impression d'être dans ce monde physique de matière bien dense... C'est une illusion ! Les scientifiques un tant soit peu ouverts d'esprit le savent désormais et s'efforcent de faire passer le message. Nous vivons dans une matrice d'illusion, un gigantesque hologramme qui inverse le rapport des choses et biaise nos perceptions. Ce qui nous importe ici est donc de comprendre que l'énergie du vide est immensément plus importante que l'énergie de la matière et que c'est celle qui nous intéresse.

Quand on parle de la Source ou de l'Univers avec une grande majuscule, nous parlons de cette énergie du vide qui est aussi considéré comme une conscience supérieure qui régit tout, l'intelligence cosmique. Elle régit à la fois l'infiniment grand, tous les mouvements des planètes et l'harmonie parfaite de l'univers, mais aussi l'infiniment petit avec l'agencement et les rôles précis de chaque cellule, de chaque être vivant, de chaque infime partie de tout ce qui est. Oui, c'est aussi elle qui fait battre votre cœur à chaque instant, que vous en ayez conscience ou non, que vous soyez heureux ou malheureux, ce miracle est toujours actif. A présent, quand on parle de l'énergie originelle, c'est l'énergie de l'âme qui est connectée à la Source. *Il suffit que je sois en lien avec mon âme pour être connecté avec la Source. Or, en étant identifié à la matière et à ce qui compose le personnage que je joue en cette vie, j'en suis coupé*. Toute notre société et notre éducation sont basées sur ces mensonges qui nous empêchent de connaître notre Vérité. La science et l'éducation se focalise uniquement sur la matière pour expliquer l'univers et les phénomènes de la vie. On croit manger des aliments solides alors qu'ils ne sont qu'énergie et information. Pourtant la plupart des gens mangent sans conscience des aliments dont l'information a été pervertie. On croit tenir des billets de banque solide alors qu'ils ne valent rien si ce n'est la valeur qu'on leur accorde. Comment peut-on se retrouver à avoir peur d'en manquer alors que ce n'est que de l'énergie et que l'Univers est énergie ? En ayant peur, je bloque justement ce flux. Tout est transaction énergétique à chaque instant. Si j'essaie de soigner ma maladie avec une pilule magique, l'impact est minime. Si j'y ajoute l'effet placebo, cela augmente considérablement. A présent, si je comprends que ce n'est qu'une énergie qui s'est ralentie et cristallisée dans le corps et que je peux en isoler la fréquence et la nourrir de cette fréquence en conscience, alors je me libère naturellement. On pourrait étudier comme cela tous les domaines de la vie. Le domaine de la politique est assez affligeant. La plupart des gens votent par devoir de citoyen donc pour des considérations purement mentales. On oublie que lorsque l'on vote pour une personne on lui donne notre énergie et on externalise notre pouvoir créateur. Quand on sait que la grande majorité ne sont que des pantins nourris aux énergies les plus sombres qui règnent sur cette planète, si vous donnez votre énergie à cela, vous savez que vous en récolterez les fruits (pourris). Je précise que je ne juge personne en disant cela et chacun fait ses expériences. Je pointe juste du doigt certaines choses qui pourraient être inconscientes pour vous et qui vous permettront peut-être d'être plus en lien avec pourquoi vous faites ce que vous faites et ce que vous nourrissez. Mais retenez toujours qu'il n'y a ni bien ni mal puisque tout ceci est indispensable au monde dans lequel on vit. Je vous la fais courte mais la Vie est fondamentalement simple malgré l'extrême complexité de comment tout ceci s'articule. Il ne faut pas nier la matière car nous venons sur ce plan l'expérimenter avec les contraintes que cela nous impose. Mais lorsque l'on se souvient et que l'on se connecte à ce qui est au-delà des apparences, alors c'est un univers de nouvelles possibilités qui s'offrent à nous. La peur devient absente du processus. On peut enfin faire des choix beaucoup plus sains et en accord avec notre âme sans avoir peur des répercussions. *Quoi qu'il arrive, ce n'est qu'une expérience soutenue par des énergies que je mets moi-même en mouvement.* Je partage déjà bien des éléments sur cette connexion à la Source dans mon livre sur les lois universelles alors je vais aborder les choses différemment ici. Voici une série d'étapes par lesquelles passer pour expérimenter cette connexion.

1. Comprendre intellectuellement le processus
2. Faire le vide
3. Passer de la tête (pensée) et du ventre (émotion) au cœur (être)
4. Expérimenter la connexion en identifiant les déclencheurs les plus naturels pour vous
5. Répéter le processus régulièrement afin d'ancrer cette énergie et l'intégrer cellulairement

Jusqu'à maintenant, nous avons déjà bien étudié le premier point dans le but de créer cette nouvelle réalité dans votre esprit et d'ouvrir de nouveaux horizons afin que l'intégration soit plus facile. Lorsque les deux hémisphères du cerveau sont en cohérence, l'intégration se fait naturellement. La physique quantique nous offre de jolis cadeaux aujourd'hui en expliquant le vide et l'énergie de l'Univers. Dans une société qui a toujours utilisé le cerveau gauche analytique pour avancer et comprendre les choses, il est vital pour la plupart des gens d'avoir ces explications. La connexion à la Source et l'expression de votre énergie originelle pourrait presque être qualifiée de science. C'est une simple ouverture et connexion à cette énergie présente ici, maintenant, en tout lieu et à chaque instant. Elle est en vous et à l'extérieur de vous. Être en lien avec cette énergie vous permet de vous sentir Un avec tout ce qui est. A partir de là, vous ne pouvez plus vous sentir seul, vous vous sentez soutenu à chaque instant et le savez cellulairement. Vous n'avez plus besoin de l'extérieur pour déclencher quoi que ce soit. Vous avez conscience que l'extérieur n'est qu'un reflet de ce qu'il y a en vous-même. Ainsi, vous avez le pouvoir d'en changer. Les conditions de votre vie ne vous sont pas données par hasard. Tout ce que vous vivez est telle une demande de votre âme en accord avec la Source. Si vous avez l'impression de patauger dans la semoule, c'est que vous n'êtes pas dans votre alignement et que l'Univers fait tout pour vous remettre sur le droit chemin. Tout n'est que causes et effets qui s'enchainent éternellement. Vous avez un pouvoir immense sur tous les événements qui vous arrivent. Le fait d'être en lien avec la Source vous procurera une légèreté incroyable dans votre vie, conscient que vous êtes à votre juste place et elle vous donnera tout ce dont vous avez besoin pour continuer à faire ce que vous faites.

Prenez un moment maintenant pour vous connecter par intention à cette énergie présente en chaque chose. Arrêtez votre lecture entre chaque phrase et prenez quelques instants pour ressentir. Sentez en même temps que vous lisez ces lignes que vous êtes en lien avec tout ce qui vous entoure. Sentez l'énergie de la Terre. Sentez les différents éléments qui sont à votre contact. Sentez vos organes qui vivent et s'activent à chaque instant. Sentez l'air, les sons, les odeurs autour de vous. Sentez que vous êtes toujours connecté à tout ce qui est à un niveau subtil. Sentez que tout ce que vous percevez est en vous, que c'est tel un miroir à votre échelle de tout ce qui se passe dans l'infiniment petit qui vous compose. Sentez cette connexion. Sentez cette unité. Inspirez profondément et expirez profondément. Vous êtes soutenu à chaque instant. Vous n'êtes jamais seul. Vous êtes une goutte d'eau dans l'Océan mais l'Océan n'est-il pas qu'une multitude de gouttes d'eau qui ne sont jamais séparées ? Vous ne pouvez voir les limites d'une goutte d'eau mélangée à d'autres. Elles sont confondues. Ainsi, l'Océan est comme une géante goutte d'eau. Vous êtes cette goutte d'eau. Vous êtes connecté à tout. Vous êtes le tout. Vous êtes l'Océan. Vous exprimez à travers votre unicité le potentiel infini de l'Océan. Permettez-vous de vous fondre parmi les autres gouttes d'eau. Permettez-vous d'être l'Océan.

Avant de continuer, relisez la partie sur l'Océan, puis vous pouvez arrêter votre lecture pour aujourd'hui ou choisir de continuer.

FAIRE LE VIDE

Voici certainement un des points les plus importants. Sans faire le vide, vous ne pourrez jamais connaitre l'expérience d'incarner pleinement votre vibration originelle et cette connexion à la Source. Nous vivons dans une société qui va très vite, trop vite, et qui peut rapidement mener au surmenage. Nos relations en souffrent. Notre productivité en souffre. Nos finances en souffrent. Tout autant que notre santé physique et mentale. Il semblerait qu'il existe un antidote prêt à l'emploi qui s'appelle... Ralentir. Pourtant, nous avons tellement pris l'habitude de devoir aller vite, de faire la course dans un monde concurrentiel, que cela fait partie intégrante de notre ADN (épigénétique) et ralentir devient un véritable challenge. Nous avons tendance à confondre vitesse et précipitation. Je vous invite aujourd'hui à un voyage à faire les choses simplement, proprement, avec joie et conscience. C'est en quelque sorte l'apologie de la lenteur qui est pourtant bien mal perçue de nos jours. Cela peut devenir un véritable objectif que de se reconnecter à soi, ainsi qu'à ses amis, sa famille, son propre corps, son mode de vie. C'est un renouveau qui se crée en reprenant conscience de nos véritables besoins, à commencer par donner au corps l'attention et le repos qu'il mérite. C'est une quête de maîtrise qui s'offre à vous aujourd'hui. Celle de comprendre vraiment qui vous êtes et le monde dans lequel vous évoluez pour adopter le style de vie qui vous convient vraiment. En ralentissant, notre façon de travailler change. Notre façon d'être avec nos amis change. On devient plus présent, plus ouvert, plus conscient, plus à l'écoute des autres. Mais le plus important dans tout cela, c'est que vous ouvrez de nouveaux espaces afin de pouvoir vous connecter à votre énergie originelle. Tant que votre vie est surchargée et que vous êtes sans cesse dans l'action, dans le FAIRE, alors il n'y a pas de place pour ÊTRE. Cette connexion se fait dans l'être. Vous n'avez rien de précis à faire si ce n'est à être en connexion. Il existe des processus que je vais vous partager mais vous pouvez être en lien avec votre énergie originelle sans même avoir à y penser car c'est tout ce qu'il y a de plus naturel en soi. Avant de parler processus, car un processus ajoute quelque chose dans votre vie, il faut faire de la place afin que le nouveau puisse émerger. Il est donc vital que nous parlions de faire le vide. Pour ce faire, je souhaite vous emmener sur deux terrains qui sont de faire le ménage dans sa vie et faire le ménage en soi. Faire le ménage en soi relève du domaine physique, mental et énergétique. Premièrement, c'est savoir se purifier le corps physique et énergétique. Pour le moment, je souhaite vous faire faire le ménage dans votre esprit. Car nous sommes inondés d'informations au quotidien que capte notre subconscient et notre cerveau peut en être saturé. Nous avons tant à gérer côté professionnel et personnel, parfois tout se mélange, pour donner un casse-tête sans fin qui nous mine peu à peu. Ce que je vous invite à faire aujourd'hui est de vous recentrer sur l'essentiel et de vous demander de quoi vous pourriez vous débarrasser pour alléger votre vie. Nous sommes ici dans l'art de la simplicité.

REVENIR A L'ESSENTIEL

Alors qu'est-ce qui est vraiment important pour vous ? Demandez-vous dans tous les domaines de votre vie (famille, relations, amour, finances, travail, gestion du temps, loisirs) ce qui a le plus de sens dans votre vie. Je vous invite à faire un TOP 3 de ce qui compte le plus pour vous dans chaque domaine puis un nouveau TOP 3 toutes catégories confondues. Vous allez ainsi pouvoir vous recentrer sur l'essentiel. Car ces éléments-là devraient représenter la majeure partie de votre vie et de votre temps alloué. Si ce n'est pas le cas, prenez un moment de réflexion et notez vos engagements par rapport à cela. Je vous invite à faire spécifiquement un focus sur la partie professionnelle. Que vous soyez salarié ou entrepreneur, vous allez certainement vous rendre compte que vous accordez beaucoup d'importance à des éléments qui n'en ont pas ou très peu. En tant qu'entrepreneur, j'ai souvent tendance à m'égarer et c'est pourquoi je me recentre très régulièrement pour être certain d'avancer sur les priorités. Si on ne fonctionne pas par priorité, on va droit à la catastrophe et au burnout. Le but est de vous recentrer sur l'essentiel et de vous libérer du superflu qui pollue votre espace mental et tous vos corps. Vous vous sentirez plus léger et pourrez avancer bien plus facilement et avec le sourire qu'avec une vie complètement surchargée. Vous serez ainsi plus apte à faire le vide dans vos pensées et à vous connecter à la vastitude que vous êtes.

Posez-vous maintenant et écrivez dans votre cahier vos TOP3. Ce sont les grosses pierres qui viendront remplir votre agenda en priorité.

FAIRE LE MENAGE PHYSIQUEMENT

A présent, je vous invite à faire la liste de ce qui prend de la place chez vous ou en vous et qui n'a pas sa place, c'est-à-dire, que cela n'a aucune importance pour vous. Cela vous encombre inutilement, aussi bien physiquement que mentalement. L'idée ici est de libérer spécifiquement votre espace physique. Nous sommes suréquipés. Entre les achats impulsifs, les cadeaux inutiles, et j'en passe, nous vivons pour la plupart d'entre nous dans une abondance de biens. Prenez cet exercice comme un nettoyage de printemps qui va vous amener à faire de la place. Ici, pas de catégorie mais une réflexion par pièce de vie. Dans chaque pièce de votre lieu de vie se trouvent certainement des objets qui n'ont plus aucune valeur. Je vous invite à vous rendre dans chaque pièce de votre logement et de mettre de côté tout ce qui n'a plus d'intérêt pour vous ou ce dont vous ne vous êtes pas servi depuis au moins six mois. Vous allez vous rendre compte que vous êtes entourés d'objets qui n'ont aucun sens pour vous. Certains de ces objets peuvent avoir une attache émotionnelle. Dans ce cas-là, à vous de juger. Rester attaché au passé n'est pas toujours une bonne solution mais c'est à vous de juger votre besoin par rapport à cela. Dans tous les cas, prenez chaque pièce, jetez tout ce qui ne fait plus de sens pour vous aujourd'hui, ou donnez lorsque c'est possible, et stockez ce dont vous n'arrivez pas à vous débarrasser dans une boite qui aura cette fonction spécifique. Il peut arriver que vous manquiez de rangement comme ça a été mon cas pendant longtemps. Dans ce cas, équipez-vous ! Achetez un meuble, des classeurs, des corbeilles et tout le nécessaire pour ranger ce qui doit être rangé. Vous vivrez beaucoup mieux et avec plus d'énergie avec un environnement épuré et rangé. Concernant le rangement, je vous recommande le livre *La Magie du rangement* de Marie Kondo qui a transformé la relation que j'entretiens avec les objets et notamment avec mes vêtements. Je vous invite maintenant à planifier votre prochain rangement dans votre agenda si ça ne peut être fait maintenant. Il est capital de ne pas passer à côté de cette phase cruciale. Ensuite, pensez également à ranger l'immatériel. Cela concerne les fichiers sur votre ordinateur ou encore les emails que vous recevez et les newsletters auxquelles vous êtes inscrit. On en a trop, on en reçoit trop et plus vous vous centrerez sur l'essentiel, sur ce qui est vraiment important pour vous, plus vous vous sentirez léger et aligné.

OSER ÊTRE ET FAIRE RIEN

Je reviens très brièvement sur cette pratique essentielle dont je parle longuement dans mon précédent livre. Je vous invite à prendre l'habitude chaque jour de vous poser et de Faire Rien. Vous vous permettez de simplement vous poser et d'observer, de sentir ce qui se passe dans l'instant. Vous allez peut-être angoisser les premiers temps face à la perte de temps que cela occasionne car vous êtes peut-être tellement empoisonné au Faire que dès que l'Être veut prendre la moindre place, c'est la panique à bord. Chaque jour de votre vie, autorisez-vous à partir de maintenant à Faire Rien pendant la durée de votre choix. Cela peut être 1 minute, 10 minutes ou plusieurs heures, en une session ou plusieurs, c'est à vous d'en décider. Ce sera peut-être l'exercice le plus difficile de votre vie. Il n'y a pas de résultat à atteindre si ce n'est un apaisement sur tous les plans qui s'installera naturellement et de façon automatique pour vous si vous vous permettez de mettre en place cette pratique. Je sais que la plupart d'entre vous qui lisez ce livre ne le ferez pas car c'est trop inconfortable. Vous aurez l'impression de perdre votre temps et d'avoir bien mieux à faire. Ces pensées vous arrivent car vous existez principalement à travers vos actions. Ce temps-là est révolu. L'énergie de la nouvelle humanité requiert d'Être. Le Faire doit être empreint de votre présence, non de l'urgence. Plus vous resterez présent avec vous-même, plus votre présence se développera et votre âme pourra ainsi prendre de plus en plus de place et agir en lien avec votre personnage.

RALENTIR AVEC LE SLOW-LIFE

Le slow-life est une philosophie de vie née en Italie dans les années 1980. L'approche initiale était de développer un rapport différent avec la nourriture, votre façon de manger, votre façon de préparer les aliments, de les cuisiner, de vous faire plaisir. Bien sûr, on peut trouver des extensions dans tous les domaines de vie. Dans le slow life, vous recherchez ce qui vous nourrit vraiment de l'intérieur. Vous cherchez ce qui a vraiment du sens pour vous, ce qui est essentiel, et vous vous séparez du superflu. Vous focalisez sur la qualité et non sur la quantité, et ce, dans tous les domaines. Le slow life pourrait bien être synonyme d'une vie meilleure à tout point de vue. Une vie plus saine, plus agréable, plus passionnée, ainsi que moins stressante et bien plus en accord avec qui vous êtes vraiment. Cette philosophie de vie promet plus d'intensité dans chacune de vos journées, moins de stress et donc une meilleure santé ainsi qu'une plus grande liberté. Voici quelques étapes qui vous permettent d'y passer sereinement :

1. Je me pose pour réfléchir ! Je mets en lumière ce qui rend ma vie meilleure et ce qui m'éloigne de mon propre bonheur.

2. Je prends ensuite le temps d'apprécier ! Je me permets de vivre pleinement ces moments qui me sont chers mais aussi de renouer

avec ceux que je ne maîtrise plus. Je vis dans le moment présent et je prends le temps de regarder les nuages passer.

3. Je suis à l'écoute de mon corps ! Je prends le temps de vivre malgré les obligations quotidiennes. Je ne fais qu'une chose à la fois et je donne de la place à mon ressenti, quoi que je fasse : travail, courses, jardinage, lecture, repas en famille. C'est un retour à la conscience, ne plus faire les choses machinalement mais avec conscience.

4. Je débranche ! Je reviens à des choses simples. Je profite de chaque moment sans être dépendant de la technologie et le temps qui passe. Je ne me laisse plus déborder par les dossiers, les emails, les appels. J'ose dire non aux sollicitations et oui à la vie.

LE SLOW LIFE EN BREF

› La QUALITE remplace la quantité.
› Le LOCAL remplace le mondial.
› La SIMPLICITE remplace le compliqué.
› La CONSCIENCE remplace la performance.
› L'OBSERVATION remplace l'action frénétique.
› Le MONOTACHE remplace le multitâche.
› Le BIEN-ETRE remplace le stress.
› L'ECOUTE DE SOI remplace les besoins extérieurs
› La JOIE D'ÊTRE remplace la joie éphémère de FAIRE et d'AVOIR

EXEMPLE DE MISE EN PRATIQUE DU SLOW-LIFE

Le Slow-Life s'exprime dans nos différents domaines de vie. Cela va de la vie quotidienne et de comment je m'alimente à comment je dépense mon argent, en passant par comment j'éduque mes enfants, comment je voyage ou encore comment je fais l'amour. Je prends enfin le temps de vivre et de faire les choses en conscience. Je prends soin de moi. J'apprécie ce qu'il y a autour de moi. Je reviens à la simplicité et j'écoute mes véritables besoins. Je médite, je respire en conscience, je prends le temps de faire rien, juste d'être. Je me détache de la pression d'atteindre des objectifs et j'agis en accord avec mes élans d'âme. Je me nourris en conscience. Je mange des aliments locaux, bios et vivants. Je cuisine par moi-même. J'écoute les besoins de mes proches, de mes enfants et ne force pas les choses. Je prends le temps d'échanger avec mes enfants et de leur laisser plus de liberté. Je deviens pour eux davantage un guide qui fixe des limites tout en les laissant s'exprimer pleinement. J'investis mon argent localement et privilégie les entreprises et le savoir-faire locaux. J'investis à moins de 100 kms de chez moi lorsque c'est possible. Je prends le temps d'être avec les autres, de m'imprégner des lieux dans lesquels je vais et d'apprécier ce que la Vie m'offre à chaque instant.

A RETENIR ET A METTRE EN PLACE POUR FAIRE LE VIDE

1. Faites le ménage dans mes possessions, relations, activités, etc.
2. Faites le ménage dans vos fichiers informatiques, abonnements, etc.
3. Faites Rien chaque jour, Goûtez à la présence.
4. Ralentissez, faites les choses avec attention et passion uniquement
5. Libérez votre ombre. Dernier point mais loin d'être le moins important. Il sera traité en profondeur par la suite.

FAIRE SILENCE

« C'est l'hôtel où brûle la flamme éternelle de Dieu, la source de toute bonté, de toute force, de toute puissance. Il saura que Dieu réside au plus profond du silence. »

Extrait du livre La vie des maîtres

Dans le silence réside le terrain le plus fertile pour entrer en connexion avec le Divin. Cette connexion ne peut se passer qu'en soi car chacune de nos cellules est tel un trou noir permettant d'accéder à d'autres dimensions. L'univers étant fractal, tout est contenu dans chaque chose, tout comme chaque chose est contenue dans le Tout. L'infiniment grand est contenu dans l'infiniment petit. Ainsi, cette attention portée à ce qu'il y a de plus petit et précieux en soi ouvre les portes à ce qu'il y a de plus grand et Divin dans l'Univers. Si vous n'êtes pas à l'aise avec toutes ces notions, je vous invite à relire ce paragraphe encore et encore et à lire aussi mon précédent livre sur les lois universelles si vous en ressentez l'appel. Ce monde d'illusions où nous accordons une importance immense à tout ce qui est physique et beaucoup moins à ce qui est d'ordre énergétique nous berne. On croit que notre vie se joue à l'extérieur alors que la qualité de notre vie ne dépend que de notre monde intérieur. Plus vous prenez soin de votre monde intérieur et apprenez à vous connaître en profondeur, plus votre vie en reflète la grandeur. *Connais-toi toi-même et tu connaîtras l'univers et les dieux*. Peut-être que cette phrase prend tout à coup une autre saveur pour vous. Ce n'est pas une élucubration mentale d'intellectuel grec shooté à une plante psychotrope locale, c'est l'essence même de la vie. Nous venons ici expérimenter ce monde de matière et la dualité car la Source a décidé d'en faire l'expérience. Bien que des êtres puissent manipuler certaines énergies pour tirer profit des plus faibles, tout reste toujours dans un équilibre parfait et les solutions sont toujours présentes car elles sont en nous-mêmes. Il n'existe que des solutions en soi. Les problèmes sont issus de notre perception des choses qui est biaisée par nos 5 sens et nos croyances profondes. Mais au fond de soi réside le Soi qui est l'essence divine en tant qu'âme ayant décidé de s'incarner ici et c'est la porte vers ce que l'on puisse exprimer de plus beau. Tout ceci est bien beau justement et donne envie à tout chercheur spirituel. Ce dernier peut alors se laisser happer par l'illusion de la recherche éternelle. Tant que cette quête reste tournée vers l'extérieure, rien de très concret ne pourra en ressortir puisque la Connaissance est en soi-même. Lorsque vous vous connectez à la Connaissance inscrite dans chacune de vos cellules alors la Lumière jaillit. Mais pour accéder à cette Connaissance et à cette connexion à l'âme et à la Source, il vous faut faire silence. Vous ne pouvez accéder à cela dans le bruit. Tout est bruyant dans la vie d'un occidental. Il est dans l'action permanente et quand il s'autorise à se poser, c'est soit pour dormir, soit pour penser. Rien ne se calme jamais. Oui, nous vivons plein d'aventures dans le sommeil également et ce n'est absolument pas ce que j'appelle faire silence. Faire silence est synonyme de faire rien, ou en tout cas en sera une conséquence. L'objectif est d'arrêter le flux d'actions et de pensées incessantes. Beaucoup de personnes se disent incapables de méditer car elles partent sans cesse dans leurs pensées. C'est tout à fait normal pour deux raisons principales. La première, c'est que vous avez été habitué à penser toute votre vie en permanence avec le cerveau gauche surstimulé. Il vous faut réapprendre à fonctionner différemment et à accepter que les choses puissent s'apaiser. Et la seconde est d'accepter le processus d'apprentissage. Vous voudriez être un maître tout de suite mais combien de temps avez-vous mis avant de savoir faire vos lacets ? Combien de temps avez-vous mis à passer votre permis ? Combien de temps avez-vous mis à assurer la stabilité de votre entreprise ou encore à trouver votre logement actuel ? Tout prend du temps pour se manifester dans le monde physique. Tout part d'une intention que vous nourrissez d'attention et d'actions qui vont se concrétiser dans la matière. Vous vous devez donc d'être à la fois patient et engagé. Vous savez que l'engagement est une clé fondamentale. Si vous croyez qu'en méditant 30 minutes par jour pendant un mois, vous allez devenir un maître, vous vous méprenez ! La méditation peut être permanente et doit vous permettre d'instaurer beaucoup plus de présence dans chacune de vos actions. C'est en étant connecté au moment présent que vous allez activer d'autres façons de fonctionner naturellement.

FAIRE SILENCE EN PRATIQUE

Afin de passer à la pratique sur cette partie, je vous recommande quatre exercices. Le premier est encore une fois celui de Faire Rien. J'insiste car c'est celui qui vous apportera le plus de bienfaits rapidement. Revenez donc à la partie précédente si ce n'est pas clair pour vous car c'est selon moi un exercice indispensable pour vous connecter au silence.

Le second exercice est celui de la contemplation. Lorsque vous mettez toute votre attention et vous concentrez sur un objet uniquement, alors le monde extérieur cesse d'exister. C'est la même logique lorsque vous entrez dans l'espace sacré du silence. Le bruit devient extérieur comme si vous entriez dans une bulle isolée. Je vous invite à pratiquer la contemplation sur des objets que vous aimez pour vous entrainer. Vous pouvez aussi le faire avec les fruits que vous vous apprêtez à manger. J'aime personnellement prendre un temps d'observation avec la pomme que je m'apprête à manger de façon à créer un lien avec elle et d'observer avec émerveillement tout ce que je n'aurais jamais remarqué si je n'avais pas fait cet exercice.

Le troisième exercice est celui du son originel, que je partage également à travers les lois universelles, et dont je reparlerai en tant que déclencheur de connexion avec la Source. Nous avons tous un son dans les oreilles qui semblent résonner comme si un fil était tendu entre nos 2 oreilles et passant par le cerveau. C'est comme si ce fil vibrait et créait un son qui sort par les deux oreilles. Ainsi, vous pouvez concentrer votre attention sur ce son qui est présent à chaque instant. Sa fréquence unique le distingue de tous les autres sons. Vous pouvez donc le percevoir même dans un environnement très bruyant. C'est d'ailleurs un excellent moyen de ne pas souffrir d'une musique trop forte lors d'une fête par exemple en vous concentrant sur le son originel. Plus vous pratiquez cet exercice, plus ce son deviendra naturel pour vous et s'intensifiera. Il vous permettra de vous recentrer en permanence sur votre vibration originelle en vous permettant de faire le vide. Il est possible que vous n'arriviez pas à le percevoir, je vous invite à vous isoler, à vous mettre dans un endroit où ne règne aucun bruit et à focaliser sur ce son pour commencer à vous familiariser avec lui. C'est un moyen instantané de revenir dans l'instant présent que vous pouvez coupler également avec la respiration. Soyez maintenant à l'écoute de ce son originelle qui est votre note personnelle.

Le quatrième exercice est celui de voir au-delà des apparences, d'entendre au-delà des sons perceptibles, de palper le vide dans l'espace. Cela vous demande de lire entre les mots, d'écouter entre les sons et de vous poser en vous-même là où réside la tranquillité la plus absolue. Entrainez-vous à faire cela. Sentez l'énergie des mots, des sons, des aliments, de tout ce qui vous entoure. Percevez au-delà du voile, au-delà de l'illusion des sens. Ne croyez plus vos 5 sens aveuglément. Entendez l'écho à l'intérieur. Ecoutez votre cœur.

Notez dans votre cahier les exercices les plus parlants pour vous ou les prises de conscience que vous avez eues.

PASSER DE LA TETE (PENSEE) ET DU VENTRE (EMOTION) AU CŒUR (ETRE)

En parlant du cœur, nous y voilà. Toute notre société est basée sur la surexcitation du mental. Notre mental est sans cesse exposé à des sollicitations diverses qui nous enferment. Nous nous croyons libres sans conscience des chaines et des boulets que nous trainons à nos pieds. La télévision et les médias nous harcèlent chaque jour. Les publicités sont partout et parfois même jusque dans notre jardin, faisant émerger des désirs et mettant en lumière nos manques. La technologie et le fait d'être « connecté » rend joignable et permet d'être sollicité quasiment à chaque instant. La lumière non naturelle agresse constamment. On nous demande de réfléchir à de nombreux problèmes à résoudre, à des projets à mettre en place, à tout ce que l'on doit penser avec la famille, les charges à payer, et ainsi de suite. Tout est fait pour que le cerveau soit gavé d'informations à chaque instant. Mais la folie ne s'arrête pas là car elle est sans répit. Tout est là pour susciter des émotions puisque votre cerveau crée des connexions neuronales et les renforcent en fonction de l'entrainement ou l'exposition répétée à un phénomène ou une pratique, mais aussi de la force émotionnelle qui l'accompagne. Ainsi, un événement très fort émotionnellement peut se graver à jamais dans votre esprit, alors que votre cours de philosophie va demander un effort colossal pour l'intégrer car l'intérêt émotionnel est absent du processus. Il existe des techniques de mémorisation très efficaces mais le but est de ne jamais se faire violence. Dans cette société, tout est fait pour nous décentrer du cœur à commencer par le fait que tout tourne autour de l'argent. Cela en fait un produit de premier choix pour créer des émotions de peur, de manque, d'impuissance ou encore de jalousie. Si vous voulez contrôler le monde, il vous suffit de contrôler l'argent, ce que nos dirigeants ont bien compris. Tout est fait pour avoir des pensées qui déclenchent des émotions, nous faisant oublier l'être divin que nous sommes tous. En d'autres termes, nous en sommes réduits à être des êtres pensants et des êtres émotionnels, ceci accompagné de belles phrases comme « *Je pense donc je suis* ». Voilà à quoi notre essence divine en est réduite : à tout ce que l'on n'est pas ! On croit être nos pensées et nos émotions mais qu'en restera-t-il à notre mort ? Rien ! Car nous ne sommes ni nos pensées ni nos émotions. Vivre sous leur contrôle est donc synonyme de vivre dans une illusion créée de toute pièce et grandement limitée. Si vous souhaitez connecter avec votre énergie originelle, vous devez arrêter ce processus vous enfermant dans vos pensées et émotions. Il s'agit ici de vous détacher du personnage que vous jouez et de revenir au moment présent et aux sensations. Vous n'êtes pas vos sensations non plus mais le fait d'y être connecté vous fait vivre l'instant comme il est, sans le juger. Le jugement vient de la pensée. La sensation peut être une douleur au dos et la pensée « *J'en ai marre d'avoir mal à dos, que puis-je faire pour le réduire à néant ?* ». On pense que c'est mal d'avoir mal au dos. On entre alors en guerre alors que la sensation est tout à fait pacifique. Elle n'est qu'un message délivré à un instant donné pour notre plus grand bonheur. Mais que décidons-nous d'en faire ? Voilà donc le jeu auquel la plupart des gens jouent. Ils sont en lutte sans cesse, en train de chercher des solutions ou quoi que ce soit, de courir après le temps, après tout ce qu'il y a à faire, après les projets à construire, après les objectifs à atteindre... Le leurre est de penser qu'il y a une ligne d'arrivée. Chaque fois que vous atteignez un objectif, un nouveau se présente. Chaque fois que vous assouvissez un désir, un nouveau émerge. Votre mission première ici est d'accepter de revenir au fait de vivre votre vie ici et maintenant. C'est donc remettre de la conscience dans tout ce que vous faites, d'accepter de faire les choses moins vite, d'accepter que vous n'ayez rien à atteindre et que vous pouvez vous autoriser à Faire Rien pour entrer dans cet espace de Silence qui vous connecte à la Source. En revenant dans l'instant, vous ne vous identifiez plus à vos pensées, à vos émotions et à vos ressentis. Vous pouvez simplement les vivre et les observer comme s'ils étaient de passage. Ainsi, vous remettez de la vie là où vous l'en aviez exclue. C'est ainsi que vous pouvez retrouver du plaisir à faire des tâches qui étaient source de frustration auparavant. C'est ainsi que vous vous permettez de recevoir les messages de toute douleur ou maladie. Tout ceci vous invite à jouer avec vos pensées et vos émotions et à les prendre en considération, mais sans jamais en être esclave.

La seconde étape est de vous recentrer sur le cœur. C'est uniquement le cœur qui peut vous servir de porte d'accès vers qui vous êtes vraiment dans votre essence. Cela demande de se recentrer sur le fait que tout est la même énergie en mouvement permanent, adoptant des fréquences différentes et se matérialisant de différentes façons. Mais tout est la même essence. Pourquoi allez-vous voir le bien et le mal là où ils ne sont que votre interprétation. La dualité n'est qu'une création de l'être humain. La température existe mais qui suis-je pour juger du chaud et du froid ? Ce n'est que ma perception. Donc le chaud et le froid n'existent que dans mes perceptions qui ne sont qu'une création de mon mental. La sensation du chaud et du froid sont d'ailleurs entièrement créées par le cerveau d'après des signaux électriques. Pour atteindre le point d'unité, vous devez vous connecter au cœur. Voyez le chakra du cœur. Il est précisément au milieu des sept chakras principaux. Il fait le lien entre le haut du corps lié aux pensées et au bas du corps lié aux émotions. Si vous n'êtes pas dans le cœur, vous ne pouvez être aligné dans vos pensées et actions. C'est seulement dans cet espace sacré que vous pouvez connaître cet alignement corps-âme-esprit, sinon l'âme en sera toujours détachée. Et la loi d'attraction jouera avec votre personnage pour vous ramener à son contact. Tant que vous fuirez, vous vivrez des obstacles et parfois même beaucoup de souffrance. La voie la plus facile pour se connecter au cœur est de retrouver l'émerveillement, la joie et l'enthousiasme issues d'activités qui vous plaisent vraiment. Mais ce sera toujours comme une béquille car l'objectif est que cette Joie provienne de l'intérieur puisqu'elle est inscrite en chacune de vos cellules puisque la Source est Amour. Votre chemin est d’accepter de ne plus être en lutte, notamment par rapport à vos problèmes, douleurs et maladies, et remettre l’Amour à la place d’honneur qu’il devrait tenir dans votre vie.

L'OUVERTURE DU CŒUR EN PRATIQUE

Vous pouvez commencer par poser votre main sur le cœur et à l'écouter battre. Cette merveille de la Nature est toujours là à travailler sans relâche. Ce geste simple permet de retrouver l'état d'émerveillement face à un organe qui ne faiblit jamais et continue de battre de notre naissance à notre mort. Alors nos petits problèmes quotidiens prennent une autre dimension quand on est connecté et cela.

Ensuite, mettez votre attention au centre de la poitrine, au niveau du chakra du cœur, en vous exerçant à sentir la dilatation du cœur énergétique. Celui-ci peut grandir infiniment, vous englober dans une sphère protectrice, élever votre vibration et bénir ce qui vous entoure.

Enfin, ouvrez-vous à cet Amour qui est là présent à chaque instant. Il est inscrit en chaque chose, en chaque être, dans le moindre brin d'herbe. Il vous est envoyé par la Terre, par le Ciel, par les êtres qui vous accompagnent tels que vos guides, anges gardiens et autres. Il vous est envoyé naturellement par vos proches et par toutes les personnes qui pensent à vous. Nous vivons dans un monde d'Amour même s'il n'est pas mis en avant. Il y a davantage d'Amour dans le monde que de haine ou de peur mais la question est de savoir sur quelle vibration vous vous branchez le plus. Déconnectez-vous de ce qui exacerbe l'égo et montre l'Homme malveillant car ce n'est qu'une interprétation mentale. Décidez de mettre votre attention sur la nature véritable de l'Homme et de tout ce qui est, qui est pur Amour.

IDENTIFIER LES DECLENCHEURS LES PLUS NATURELS POUR VOUS

Afin de vous connecter à la Source, je souhaite vous partager des méditations qui vous permettront de faciliter le processus. Vous pouvez les télécharger sur ce lien : http://bit.ly/meditationsource. A terme, vous n'aurez plus besoin de support et pourrez simplement vous servir du déclencheur qui fonctionne le mieux pour vous. Cette partie est primordiale car je vous fais prendre un raccourci immense de tout ce que j'ai pu identifier comme déclencheur pour me connecter à mon âme et à la Source. Ce sont des années d'expérimentation et c'est à vous maintenant de définir ce qui fonctionne le mieux pour vous.

LE SON ORIGINEL

Auparavant, je pensais que ce son était le son de l'Univers. Après de nombreux échanges avec les personnes qui s'y connectent, je me rends compte que notre perception de ce son est différente. Je m'en suis fait un précieux allié et il représente pour moi la vibration de mon âme. Focaliser sur ce son vous permet d'entrer en connexion avec vous-même instantanément. Il est là, présent dans vos oreilles à chaque instant. Il est tel un fil tendu entre vos deux oreilles, vibrant à travers votre tête, et s'émancipant à l'extérieur. La vibration de votre âme peut prendre de nombreuses formes et elle chante continuellement en vous. Alors la première façon de se connecter à votre âme et à la Source est de reprendre contact avec ce son originel qui est absolument magnifique et accessible à chacun.

PLONGER DANS LA VACUITE, L'INFINI, L'ABANDON

Ce point-ci est magistral et vous concerne de façon certaine ! Le vide est une peur commune à tous les êtres humains ou presque. Le vide est le Tout puisque la matière ne représente pas grand-chose. Or, nous sommes sans cesse en train de combler ce vide dans notre vie par peur de nous confronter à nos ombres et à notre Lumière. Marianne Williamson a écrit en 1992, et reprit par Mandela en 1994, « *Notre peur la plus profonde n'est pas que nous ne soyons pas à la hauteur, notre peur la plus profonde est que nous sommes puissants au-delà de toutes limites* ». Ainsi on établit de nombreuses stratégies pour s'empêcher de vivre cette lumière et donc pour combler le vide. L'ennui fait terriblement peur alors qu'il est une porte vers notre Lumière. S'il y a ennui, il y a déconnexion et incompréhension des lois universelles. Je remplis donc ma vie d'activités, d'habitudes, de relations, d'addictions, de biens matériels, de nourriture, dont je n'ai pas vraiment besoin si ce n'est pour me protéger et avoir un sentiment de contrôle. Lorsque je m'autorise à plonger dans le vide et à vivre pleinement l'ennui, la séparation, le fait d'extraire des choses ou des activités de ma vie, alors je m'autorise à me connecter à cette partie plus élevée de moi-même qui est mon âme. Nous reviendrons sur ce sujet avec le travail sur l'ombre. Jusqu'à récemment, j'ai toujours été effrayé par l'infini. Lorsque j'étais petit, la nuit, ne voyant pas les murs de ma chambre, je les imaginais à des kilomètres de moi et cela me rendait dingue. Il m'est arrivé de me lever la nuit sans savoir où j'étais, en me tapant contre les murs, tellement l'illusion était totale. Dans le même ordre d'idée, je détestais les suites de chiffres qui ne se terminent pas comme Pi ou simplement le fait de me dire que je pourrais compter jusqu'à l'infini sans jamais m'arrêter. L'angoisse !! Puis, lors d'un atelier de libération émotionnelle, je me suis connecté à cette profondeur de l'infini et j'y ai découvert ma Puissance. Depuis ce jour, je sais consciemment et cellulairement que ce vide ou cet infini est une porte vers la Grandeur. Et ce n'est qu'en s'abandonnant totalement à ce qui vous effraie le plus que vous pourrez connaître cet état et l'intégrer en profondeur. Le plus simple est de passer par l'abandon aux émotions où on arrête de chercher à les contrôler pour s'y plonger pleinement. Ainsi, des portes vers d'autres dimensions s'ouvrent naturellement. L'infini est également la représentation du chiffre 8. Or cela peut être une boucle éternelle dans laquelle on est bloqué, ou bien une porte d'accès vers le chiffre 9, symbole du divin et de l'illumination. Là réside l'essence de l'infini où l'on et alors aspiré vers notre véritable nature et la connexion à tout ce qui est. Les vortex que nous allons voir vous y aideront. D'une façon générale, il s'agit ici de trouver la plénitude dans le vide. Si vous n'avez rien à faire, si vous n'avez personne à qui parler, si vous vous privez de nourriture, ou quoi que ce soit qui génère du vide, vous devriez vous sentir merveilleusement bien. Si ce n'est pas le cas, c'est parce que ce vide vous fait peur ou vous angoisse. On a tellement été habitué à remplir... Je vous invite donc à alléger votre vie et à faire vos expériences de lâcher-prise et d'accueil de ce vide. Un exercice que j'aime beaucoup est celui de changer mon regard sur ce qui m'entoure et de voir ce que je vois de plus en plus loin. Je peux regarder un mur ou mon ordinateur actuellement comme s'il s'éloignait de moi ou que je le regardais de plus en plus loin. Ainsi le vide devient de plus en plus dense. Vous pouvez également faire cet exercice les yeux fermés en imaginant les murs autour de vous s'éloigner de plus en plus jusqu'à vous retrouver seul à des kilomètres à la ronde. Cela vous demandera peut-être un peu d'entrainement mais les sensations sont garanties !

ENTRER EN ETAT DE FLOW

Cet état est absolument délicieux. Je l'ai principalement expérimenté lors de mes compétitions à haut niveau. J'arrivais à entrer dans un état où je devenais intouchable, imbattable. Je le savais et les autres le savaient aussi. Une fois que j'étais dans ce que j'appelais ma bulle d'invincibilité, rien ni personne ne pouvait plus m'arrêter. Le temps semblait se dilater pour me laisser un temps fou pour prendre les meilleures trajectoires et être au sommet de mes performances. On ne peut entrer dans cet état qu'en étant pleinement guidé par l'âme. Voici les étapes par lesquelles vous devez passer pour entrer dans un état de flow.

1. *Choisir une activité que vous faites avec enthousiasme et passion*

Cela ne peut se faire que sur une activité qui vous enthousiasme. La compétition est propice car elle vous donne une raison supplémentaire pour donner le meilleur de vous-même à travers la récompense qu'il peut y avoir et le fait de battre les autres. Lorsque vous avez cette conscience détachée de l'expérience, vous ne battez pas les autres par égo mais pour expérimenter la meilleure version de vous-même. Vous ne pourrez expérimenter l'état de flow que dans des activités où vous prenez un très grand plaisir.

2. *Développer vos capacités à l'extrême.*

D'après mon expérience, vous ne pouvez entrer dans un état de flow qu'au sommet de votre art. Je n'ai pu y accéder que lorsque j'avais un niveau international. Je l'expérimente régulièrement dans l'écriture automatique car je suis au sommet de mon art dans mon activité. J'ai à cœur de donner le meilleur et de me laisser inspirer par le divin. Je sais que je connaitrai cet état à travers le piano également mais que je dois développer mes compétences dans ce domaine-là avant que la magie puisse opérer. La notion d'effort est présente ici qui est aussi synonyme de se permettre de sacrifier des plaisirs court terme pour bénéficier de bénéfices long terme. L'entrainement ou la progression peut être longue et difficile. Mais elle est absolument nécessaire. Prenez avant tout plaisir dans l'expérience en sachant que vous passerez des paliers vous permettant d'entrer en état de flow. Soyez donc patient et développez vos capacités autant que vous le pouvez en apprenant et en pratiquant encore et encore. Vous développerez alors des compétences inconscientes qui vous permettront de lâcher-prise sur la technique.

3. *Connexion à la Terre et au Ciel*

Il est capital d'être bien ancré et connecté à l'Univers. C'est ainsi que vous pouvez laisser circuler les énergies divines en votre corps physique et manifester la magie dans votre vie. Par intention, connectez-vous au cœur de Gaïa ainsi qu'au centre de l'Univers avant chaque état de flow que vous souhaitez vivre.

4. *Être dans l'intention de se laisser guider par son âme*

Tout part toujours d'une intention. Lorsque vous souhaitez expérimenter cet état, émettez l'intention de vous laisser guider par votre âme et que vous puissiez donner le meilleur à travers cette expérience.

5. *Lâcher la volonté de contrôler ou de faire, s'observer en train d'agir*

Lâchez toute volonté de contrôle. Laissez faire les choses. Si ça se passe, c'est merveilleux. Si ça ne se passe pas, c'est merveilleux aussi. Ne vous attendez à aucun résultat. Il n'y a aucun résultat à atteindre. Tant que vous serez dans une attitude de contrôle, vous ne pourrez vous laisser guider par cette magie. Entendez ici que vous ne pourrez pas lâcher-prise si vous n'avez pas suffisamment développé vos compétences. La maîtrise sur le plan physique est essentielle afin de se laisser traverser par la magie de la Vie. Je ne dis pas que c'est impossible dans d'autres cas mais vous savez au fond de vous l'immense jouissance à atteindre des sommets alors que vous avez travaillé dur pour cela. Ce travail peut aussi être jouissif évidemment.

6. *Remercier pour la guidance*

Après avoir connu cet état, ressentez une profonde gratitude envers votre âme et la Vie qui a choisi d'œuvrer de la plus merveilleuse des façons à travers vous. Ainsi, vous donnez la plus belle des énergies à ce que vous venez de vivre et lui permettez de se représenter à nouveau.

Cet état de flow est un délice à vivre et vous pouvez le vivre très régulièrement en étant connecté à ce qui vous fait profondément vibrer.

PLONGER AU CŒUR DE MES CELLULES

Chacune de nos cellules est comme un mini trou noir qui permet de connecter avec d'autres dimensions, comme le montrent certains travaux récents en physique quantique. Vous pouvez donc faire cet exercice de connexion à chacune de vos cellules. Pour ce faire, prenez conscience de votre peau sur tout votre corps, puis plongez progressivement en vous en passant par les muscles, les os et en atteignant les cellules. Prenez le temps qu'il vous faut, vous pouvez aussi focaliser sur une partie du corps et sur une cellule puisque tout est connecté. Ensuite, vous vous laissez aspirer par vos cellules comme si elles vous permettaient de vous connecter à la vastitude de l'Univers. Vous touchez en réalité le vide qui vous connecte au Tout. Sentez à ce moment-là que l'espace présent dans vos cellules est immense. Prenez le temps de nourrir de votre présence ce vide qui prend progressivement forme. Continuez cette expansion jusqu'à ce que chacune de vos cellules soit un univers infini et goûtez à cet état de présence magnifique.

VISUALISER UN VORTEX OU TOURBILLON ASPIRANT AU NIVEAU DE MON TROISIEME ŒIL ET ME LAISSER ABSORBER

Le troisième œil est une porte vers les autres dimensions également. Il est nécessaire que l'organe associé qui est la glande pinéale soit en bon état de marche pour utiliser ce déclencheur. Elle ne doit pas être calcifié comme pour la plupart des gens qui ne font pas attention à ce genre de sujet d'une importance capitale dans un éveil spirituel. Vous trouverez de nombreuses ressources sur ce sujet sur internet. Le plus important est d'arrêter la consommation de fluor à travers l'eau, le dentifrice et les médicaments et de vous alimenter de produits crus et vivants et nettoieront votre organisme. Ensuite, il vous suffit de vous mettre dans un état de relaxation, puis de focaliser votre attention au niveau du troisième œil, entre les deux sourcils, et visualiser un vortex qui vous aspire, vous emmenant vers la connexion à votre âme et à la Source. Vous pouvez au préalable vous connecter au cœur cristallin de Gaïa et faire un lien avec les cristaux de votre glande pinéale. Laissez faire les choses et laissez-vous porter par ces énergies.

VISUALISER UN VORTEX AU NIVEAU DU CŒUR ET ME LAISSER ABSORBER

Même technique ici à partir du cœur. Le cœur vibratoire est clairement la voie par excellence que vous pouvez emprunter pour vous connecter à ce qu'il y a de plus élevé en vous. Pour cet exercice de connexion, laissez-vous aspirer par un vortex au niveau du cœur et laissez-vous voyager. Cela demande toujours un grand lâcher-prise et le fait de porter votre attention sur le cœur régulièrement favorisera cette connexion. Lorsque vous êtes centré sur le cœur, vous n'êtes plus ni dans vos pensées ni dans vos émotions et pouvez entrer en contact avec votre véritable nature qui est Amour. Lorsque votre cœur énergétique se dilate, ne cherchez plus à faire quoi que ce soit, restez simplement présent à ce qui se passe.

UN ENVIRONNEMENT VIBRATOIRE ELEVE : LA PRESENCE DE PERSONNES TRES ELEVEES SPIRITUELLEMENT OU ENCORE ETRE DANS UN LIEU VIBRANT TRES FORT

Plus vous êtes dans une haute vibration, plus vous intégrez naturellement votre énergie divine et entrez facilement en connexion avec la Source. C'est un véritable engagement qui vous est demandé ici qui est de mettre beaucoup d'attention et de soin à maintenir votre vibration élevée. L'objectif est d'atteindre l'équanimité où les événements extérieurs ne vous atteignent plus émotionnellement et vous pouvez vivre votre vie dans votre plein alignement et dans l'énergie du cœur. Nous sommes tous mis à rude épreuve sur le chemin car nous trainons des mémoires et blessures émotionnelles dont nous devons nous libérer. Toutefois, quand vous prenez conscience de votre nature divine et que vous pouvez vous observer et maitriser le personnage que vous jouez, alors vous vous détachez naturellement de tout cela. Ainsi, vous pouvez vous libérer beaucoup plus facilement que si vous vous identifiez à votre corps, à vos pensées et à vos émotions.

Plus vous resterez dans une vibration élevée et plus la connexion à la Source sera aisée. Vous vous sentirez alors toujours soutenu et n'aurez pas peur de prendre des décisions de cœur qui amènera des changements et une sortie de votre zone de confort. Vous pouvez avoir besoin de lieux forts énergétiquement ainsi que de personnes ayant une vibration très élevée pour vous aider sur votre chemin. Mais vous attirez toujours ce qui est en accord avec votre vibration. Plus vous comprendrez que vous manifestez ce qui vous entoure, plus ce processus sera naturel. Vous n'aurez plus besoin de faire un effort conscient pour aller vers les vibrations les plus élevées sous forme de personnes ou de lieux car votre présence manifestera ces éléments autour de vous.

CONNEXION A MON ENERGIE ORIGINELLE

Voici un point intéressant. Vous pouvez tout à fait vous connecter à votre énergie originelle lorsque vous avez identifié ce que vous êtes venu incarner et apporter sur Terre. Me concernant, je peux me connecter à différente phrases (qui se traduisent en énergies bien sûr). Attention, les phrases qui suivent sont des vibrations qui sont une inspiration pour moi. Elles sont également des étiquettes auxquelles je ne m'attache pas. Ma vibration originelle est liée à la Puissance. Toute mon histoire me montre que j'ai pu briller et ressentir le feu intérieur dans chacune de mes cellules lorsque je laissais cette Puissance Divine me traverser. D'autres apportent la Douceur, la Lumière ou encore l'Harmonie. C'est illimité et seule votre âme peut vous souffler ce message et cette vibration unique qu'elle porte. Voici quelques phrases qui m'inspirent dans mon quotidien personnellement :

› *Je guide les personnes ouvertes et conscientes à Révéler et Manifester leur Vibration Originelle en accord parfait avec les lois naturelles de l'Univers.*

› *Je révèle ma Toute Puissance et l'Incarne Pleinement pour impacter chaque personne qui m'entoure, en toute Humilité, avec Douceur, Subtilité et Amour, en reconnaissant en chaque Un la Lumière Divine qui l'habite.*

› *Je suis un Pilier porteur de Calme et de Bienveillance permettant de Retrouver la Sérénité, la Légèreté et la Confiance en Ma Présence.*

› *Je rends accessible une Sagesse Universelle dans la plus grande Simplicité afin d'Éveiller les personnes conscientes, grâce à mes facultés de synthèse et de transmission.*

› *Je participe à l'Ouverture des Consciences et guide l'Humanité dans son Élévation Vibratoire et son Éveil Spirituel.*

› *Je mets en Lumière l'ombre et m'en nourri pour la transmuter et tracer de nouvelles voies vers la Libération de chacun.*

A vous de créer les vôtres et pouvoir sentir vos cellules vibrer de toute la Joie de votre être qui se manifeste. Le plus important est d'isoler un verbe d'action qui caractérise ce que vibre votre âme à chaque instant.

Cela peut aussi partir d'une image comme le « pilier » dans mes exemples qui fait référence à de nombreux symboles qui incarnent cette Puissance que je permets à chaque personne qui me côtoie de trouver.

VISUALISATION DE MOI GEANT AU SOMMET D'UNE MONTAGNE SURPLOMBANT DE NOMBREUX MASSIFS MONTAGNEUX

L'idée ici est de vous sentir grand au-delà de toute mesure. Vous vous élevez physiquement le plus haut que vous pouvez de façon à avoir la vision la plus élargie possible du monde tout en vous sentant grand. Vous pouvez donc vous visualiser comme un géant en haut de la plus haute montagne, ou comme un oiseau qui surplombe une vallée ou une ville, tout comme être la montagne elle-même qui domine la vallée. Si ce déclencheur vous parle, naviguez alors dans toutes les possibilités que vous offrent votre regard intérieur. Le but est de vous sentir dans cet état de grandeur, que vos cellules ressentent cette vision comme si vous étiez en train de la vivre. Tout se passe toujours dans le monde intérieur et c'est pourquoi il vous est demandé d'explorer ces différents déclencheurs de façon à savoir ce qui vous permet de connaître une belle connexion de la façon la plus facile pour vous.

ME SENTIR SUBMERGE PAR L'AMOUR, LA JOIE, LA LUMIERE.

Si je rayonne l'Amour et la Lumière, toute ma journée en sera éclairée. Que vous inspire donc cette phrase ? En voici une autre : *Rien de te sera donné que tu ne te sois donné d'abord*. Prenez un temps pour méditer sur ces 2 phrases. Nous vivons dans une société manquant cruellement d'Amour. Et il ne pourrait en être autrement puisque ses fondements mêmes portent sur la division. Cela donne pour résultat que l'on va toujours chercher à l'extérieur ce qui pourrait nous rendre plus heureux. Voici donc un raccourci : donnez-vous tout l'Amour, la Joie, la Lumière dont vous avez besoin avant toute autre chose. Vous pouvez entrer en contact avec ces énergies aussi souvent que vous le désirez. Elles sont accessibles ici, maintenant et à chaque instant pour notre plus grand bonheur. L'Univers est Amour et il emplit tout. Chacune de vos cellules est issue de l'Amour Source. La question est alors *à quel point vous laissez-vous emplir et traverser par cet Amour, par le Souffle Vivant qui active les plus belles forces de l'Univers* ? Permettez-vous d'y goûter. Plongez au cœur de vos cellules avec l'intention de les gorger d'Amour et de Lumière. Sentez vos cellules danser en vous. Servez-vous également des pratiques de Gratitude, de Compassion et d'Empathie qui vous permettront d'être en harmonie avec la loi d'Amour et de Transmutation.

CONNEXION A L'AUTRE, A MOI, A LA NATURE, A L'UNIVERS

Voici un rappel de la loi du Consentement présenté dans mon livre sur les lois universelles. Il existe 3 types de division auxquelles nous faisons face dans notre société, à savoir la division de Soi, la division par rapport aux autres et la division par rapport à la Nature. Je ne vous refais pas tout le détail qui va très loin et mérite vraiment que l'on en soit conscient pour s'en libérer. Je vous rappelle que vous ne pouvez vous libérer que de ce dont vous êtes conscient, de ce qui est déjà en lumière. Sinon, cela reste caché et vous empêche d'être qui vous êtes vraiment sans même que vous ayez conscience de ce qui bloque. Ici, je vous suggère donc trois actions pratiques pour vous mettre en lien avec votre essence. Premièrement, c'est de revenir à l'intérieur le plus souvent possible. Idéalement, votre regard devrait toujours être à l'intérieur tout en observant le monde qui vous entoure. Ainsi, vous êtes bien plus proche de votre vibration et pouvez ressentir tout changement d'énergie causé par l'extérieur. Cela demande bien sûr de faire le vide pour pouvoir être à l'écoute de ces fluctuations. Ensuite, c'est de vous connecter aux autres par le cœur. Chaque fois que vous êtes en contact avec d'autres êtres, vous pouvez l'être dans l'espace sacré du cœur et dans une bienveillance merveilleuse qui crée l'harmonie. Si vous vous mettez en colère ou vous posez en victime vis-à-vis d'autres personnes, vous créez la disharmonie et empêchez le souffle vivant de s'exprimer à travers vous. Ensuite, c'est de vous connecter à la Nature et à tout ce qui Est. Chaque chose est vivante et consciente. L'arbre, le chat, le brin d'herbe, le caillou ou encore votre ordinateur sont tous constitués de la même essence. Ils sont de l'énergie densifiée qui n'est qu'Amour. Connectez-vous à tout cela avec le cœur et ressentez chaque élément du plus profond de votre être. Ainsi, vous pouvez entrer en harmonie et trouver un écho de vous-même, de votre vibration originelle, en chaque chose avec laquelle vous serez connecté.

LE CORPS PHYSIQUE

Je me dois encore de vous rappeler que vous êtes un être spirituel venu vivre une expérience terrestre, non l'inverse. Ainsi, votre corps est d'une importance capitale. Il est prodigieux dans son fonctionnement et vous permet de vivre des expériences extatiques. En prendre soin est capital et le corps physique lui-même est une porte d'entrée pour vous connecter à la Source. La plupart des gens le négligent en ne faisant pas de sport, en le nourrissant d'aliments toxiques, en ne prenant pas le temps de se connecter à la Terre et au Ciel, en l'exposant très peu à la lumière naturelle, en le tartinant de crèmes pleines de poisons, et en le jugeant pour ses défauts plutôt que de le remercier pour ses inestimables trésors qu'il nous offre. Lorsque vous êtes bien dans votre corps, que vous le sentez vivant, vous êtes alors beaucoup plus léger, libre et vous pouvez vous connectez beaucoup plus facilement à la Source. En réalité, je crois intimement qu'il est probablement l'élément le plus important dans tout quête spirituelle. Si vous passez par exemple 2h à respirer en conscience, à faire un sport qui accélère votre rythme cardiaque, à méditer, et à être au contact de la nature, notamment en marchant pieds nus par terre, ce qui est reconnu pour avoir des effets incroyablement bénéfiques sur la santé, ou encore par une balade en forêt ou un bain en mer, vous allez vous sentir extraordinairement bien et bien plus apte à vous connecter à la Source.

EXPERIMENTER LES DIFFERENTS DECLENCHEURS

Lire ce livre vous apporte l'énergie et l'intention d'Amour que j'ai mis à l'intérieur. Mais si vous souhaitez intégrer cellulairement cette énergie et pouvoir révéler votre vibration originelle, alors vous devez expérimenter et explorer ces différents éléments et exercices que je vous donne. Vous êtes la clé. Vous êtes la solution. Vous avez tout en vous et personne ne peut vous dire qui vous êtes dans votre essence. Vous pouvez ensuite vous amuser à laisser émerger des mots, des images ou encore des sons qui seront une représentation de votre énergie originelle. Amusez-vous sur le chemin, récoltez les fruits en temps voulu et ne vous mettez surtout aucune pression de résultat. Tout est expérience et vous êtes juste là pour donner votre vibration au monde, que ce soit consciemment ou non.

Expérimentez chacun des déclencheurs développés ci-dessus. Il y en a de plus simples que d'autres. Le son originel est à ajouter à votre quotidien maintenant. Le reste est libre en fonction de votre ressenti. Tout ce qui vous permettra de remplir ce vide illusoire par votre présence et goûter à la plénitude vous sera délicieux à expérimenter. Amusez-vous car vous avez là tout un panel d'outils à votre disposition.

LUMIERE, OMBRE ET DEVELOPPEMENT PERSONNEL

« Il n'est personne de plus étranger à l'homme que lui-même. S'il veut connaitre cet étranger, qu'il rentre dans son cabinet de travail et ferme la porte. Il y trouvera son plus dangereux ennemi et y apprendra à le maîtriser. Il y trouvera aussi son véritable moi, son ami le plus fidèle, son maître le plus sage, son conseiller le plus sûr... encore lui-même. »

Extrait du livre la vie des maîtres

C'est la seconde fois que je paraphrase ce livre dont je vous conseille la lecture car il ouvrira votre conscience à ce dont l'être humain est capable dans une conscience élevée, et que l'esprit occidental a généralement oublié. Pensant être au sommet de l'évolution, nous ne nous tournons plus vers nos Frères qui ont développé des capacités hors du commun car ils sont restés en lien avec l'Essentiel, entendez ici l'essence du Ciel. Cette connexion n'est possible, en premier lieu, que lorsque l'on sait être pleinement créateur de notre réalité. Autrement dit que Je Suis Dieu et par conséquent que je peux exprimer tous les pouvoirs divins qui me sont inhérents. Toutefois, pourquoi l'Homme a-t-il perdu ces pouvoirs ? Parce qu'il a commencé à penser à une certaine époque qu'il était le créateur ou qu'il était à l'origine de ces pouvoirs-là alors qu'il n'est qu'un canal. Quand l'égo prend les commandes, alors la connexion s'affaiblit considérablement et coupe les sources de pouvoirs qui aujourd'hui nous impressionnent ou auxquels on ne croit plus depuis longtemps. En second lieu, c'est de comprendre que l'on doit faire face à soi-même et à notre ombre comme l'appelle Carl Jung. Ce sont aussi nos démons, notre dragon, ou même ce que beaucoup appellent des défauts, qui ne sont bien sûr que des qualités déguisées puisqu'elles nous sont données par la Source. C'est aussi une composante de ce que l'on appelle le Karma.

Selon Carl Jung dans son livre *Le Vocabulaire de Carl Gustav Jung*, « *l'ombre comprend tous les aspects de notre personnalité que nous ne reconnaissons pas comme nôtres, qui sont inacceptables en regard de l'image que nous voudrions avoir de nous-mêmes et donner à autrui. Il s'agit en général des côtés que nous jugeons inférieurs, inadaptés ou moralement répréhensibles, qui ont été refoulés, déniés ou clivés, et qui, de ce fait, ne nous laissent pas quittes. La nature émotionnelle des contenus de l'ombre entraine leur autonomie dans la vie psychique, leur propension à polariser le champ de conscience et à constituer une menace pour sa cohérence* ». Nous vivons dans une société d'image où l'on se sent souvent obligé de montrer une image positive de soi-même aux autres. Cela pousse naturellement au superficiel quand ce n'est pas au perfectionnisme, une véritable tare basée sur la honte de décevoir et poussant à l'autojugement critique ou à l'autodénigrement. On n'est alors jamais assez bon et l'on se pique à nos propres démons qui nous empêchent de nous révéler pleinement. L'objectif du perfectionnisme est de minimiser ou d'éviter la souffrance du reproche, du jugement et de la honte, comme le dit Brown B. dans son livre *Le Pouvoir de la vulnérabilité*. Jung dit également que « *nous n'atteindrons jamais à notre complétude si nous n'endossons pas les obscurités qui sont en nous* ». C'est clairement ici le principe de plénitude que l'on entend dans les philosophies qui mettent en avant la quête de l'éveil et qui s'oppose au vide de notre vie que l'on remplit illusoirement avec des éléments extérieurs. Nos ombres ont leur vibration spécifique. Puisque tout est vibration dans l'Univers et que nous sommes vibrations, alors nous sommes la somme de tout ce que nous vibrons. En cachant nos ombres, celles-ci attirent leurs équivalents en permanence. Ainsi, plus j'ai peur de vivre mes ombres et que je les fuis dès qu'elles se présentent, moins je peux accéder à mon énergie originelle qui attend, tapie derrière. Notre ombre peut se voir au sens propre comme l'ombre qui suit nos pas à chaque instant mais que l'on ne peut voir. Elle se révèle en certaines situations, peut même nous faire sursauter et disparaît lorsqu'elle est mise en pleine lumière. Lorsque vous vous permettez de vivre vos ombres, alors vous partez véritablement en quête de vous-même sur le chemin de la connaissance de Soi. Ainsi, vous laissez vos chaines se défaire afin que l'énergie de votre âme puisse se mettre en lumière et rayonner de mille feux. Vous êtes alors connecté à cette énergie qui vous dépasse et vous traverse, magnifiant votre propre estime et vous détachant des peurs et manques que vous avez connus jusqu'à présent. Votre vie s'en voit améliorée sur tous les plans et vous vous sentez complet, sans besoin d'ajouter quoi que ce soit à votre existence. Vos dépendances, vis-à-vis de quoi que ce soit, fondent naturellement. Vous avez naturellement plus d'énergie et beaucoup plus de créativité afin d'accomplir les désirs de votre âme. Enfin, vos relations sociales s'améliorent merveilleusement puisque vous n'êtes plus dans une logique de convaincre ou de vous faire accepter, vous êtes simplement vous-même dans votre essence et cela fait un tri naturel dans vos fréquentations. Vous pouvez alors œuvrer avec bienveillance sur le monde et la société.

« *Tout ce qui ne vient pas à la conscience... Ce qu'on ne veut pas savoir de soi-même... Ce que nous évitons de reconnaître en nous-mêmes, nous le rencontrons plus tard sous la forme du destin* »

Carl Jung

Afin de travailler sur son ombre, on se doit de travailler sur soi-même. Mais la question est de quelle manière ? Le développement personnel est-il vraiment profitable pour chacun à chaque instant ? Je pense profondément que le développement personnel est une merveilleuse « pratique » qui permet d'ouvrir de nombreuses portes. Mais cette dernière a ses limites et peut finir par vous nuire. Etymologiquement, le terme *personnel* vient du grec *persona* qui correspond au masque de l'acteur, que tout individu porte pour répondre aux exigences de la vie en société. Le risque est que le masque se fonde avec le visage et que l'on ne puisse plus s'en séparer, ou plutôt que l'on n'ait même plus conscience qu'il soit là. Finalement, le développement personnel sert à développer l'égo, il sert à faire plus, à augmenter sa confiance, à être mieux vu par les autres. Il sert à gonfler *une partie de nous-même qui n'est pas nous en réalité* mais que l'on doit englober. Le développement personnel a clairement tendance à nous éloigner de qui l'on est vraiment. On ne peut trouver sa vibration originelle et être pleinement soi-même si on reste dans l'illusion en permanence. Mais qu'y-a-t-il alors derrière le développement personnel ? Il y a le développement de l'être, le développement de Soi, la révélation de sa véritable vibration et se mettre en accord avec la vibration de la Source, de l'Univers, le flux constant de la Vie que l'on appelle Abondance. En d'autres termes, il y a le dépouillement personnel qui permet de se détacher de toutes les fausse identités et masques que l'on croit faire partie de soi. Lorsque l'on se connecte à ce flux naturel de l'Abondance, et que l'on arrête de vouloir tout diriger et contrôler avec l'égo, alors des choses merveilleuses peuvent se mettre en place. Et cela est uniquement possible si on s'autorise à Être et non plus à Faire ou à ressembler à quelqu'un d'autre, à faire quelque chose parce qu'on vous a dit que c'était bien de le faire. Le piège est clairement de jouer tellement son rôle à fond que l'on oublie qui l'on est dans notre essence. On se retrouve à se forcer à être positif tout le temps, à se forcer à être bienveillant, et on n'accepte plus les émotions qui nous dérangent, voire parfois on s'en coupe littéralement. Or, tout est Amour et Lumière. Les émotions dites « négatives » sont merveilleuses et vous vous devez de les accueillir pleinement et de faire chemin avec, et sans jamais vous y identifier bien sûr. Le Dalaï Lama lui-même est capable d'entrer en dépression. Peut-être doutez-vous de ça et mettez toutes ces personnes hautement spirituelles sur un piédestal (ce qu'elles ne recherchent absolument pas en passant) mais la vérité est que ces personnes sont centrées sur leur être et se permettent de vivre pleinement chaque instant. Ainsi, on est beaucoup plus sensible et on peut connaître des états extatiques mais aussi de grandes souffrances. LA différence avec la majorité des gens sera simplement le caractère très éphémère de ces émotions. Car tout est éphémère dans l'univers. En étant pleinement soi-même, on s'autorise à vivre tout ce qui se présente sans jugement de valeur car rien n'est grave, rien n'a d'importance et on peut vivre des émotions difficiles à un instant donné car elles existent pour une certaine raison. Le tout est de les accueillir, de comprendre pourquoi elles sont là, d'en tirer le meilleur, et de se recentrer sur notre propre essence. Alors, je ne veux pas cracher dans la soupe, il y a du bon dans le développement personnel car il permet d'ouvrir de nombreuses portes magnifiques mais il devient très rapidement une prison dorée, celle dont on n'a pas conscience de l'existence. On pense alors détenir la Vérité et on développe un égo spirituel énorme qui est très malin pour se revêtir d'un manteau de pureté. Il n'est dans tous les cas pas une fin en soi. La raison en est qu'il est axé sur le Faire et remplit souvent la tête de plein d'informations dont on n'a pas vraiment besoin. Il permet de construire des choses aussi bien physiques que non physiques à l'image des rôles positifs que l'on joue. Or, on ne peut retrouver ce qui est dans le fond de la coupe depuis toujours si cette dernière déborde sans cesse. Je suis passé par là il y a quelques années alors que j'avais développé un caractère ultra-positif. Or, j'avais construit tout cela sur des bases malsaines pleines de colère et de peur. J'ai dû alors déconstruire pour revenir à la source et me permettre de libérer ces choses-là. C'était mon chemin et il n'est pas nécessaire de passer par là. J'ai eu par la suite la chance d'accompagner des personnes ayant un long cheminement spirituel et d'autres qui commençaient juste. Hé bien croyez-moi, il est beaucoup plus facile d'incarner la pleine Lumière que nous sommes tous quand on part de rien avec les bonnes bases, que lorsque cela fait des dizaines d'années que l'on patauge dans la soupe à la guimauve du New-Age[5]. Lorsque la coupe est vide, on peut la remplir facilement. Lorsqu'elle est pleine, il faut d'abord la vider. A partir de là, l'objectif est de faire de la place, du vide, afin de laisser la place à notre véritable nature, laisser la place à notre âme, à notre essence, à notre vibration propre. Il arrive un temps où vous n'avez plus besoin de rituels, de répéter des phrases, de faire des choses spécifiques. Vous arrêtez donc d'ajouter des choses, vous cessez de vous agiter, vous laissez les choses se poser et commencez à vous recentrer sur l'essentiel. Tout ce dont vous avez besoin est d'être pleinement vous-même, de prendre soin de vous, de faire en sorte que vous vous sentiez bien à chaque instant et aligné sur qui vous êtes et ce que vous ressentez juste. Ceci n'est possible que si vous ralentissez, que vous portez davantage d'attention à l'intérieur de vous. Cela n'est possible que si vous écoutez au-delà des sons, regardez au-delà des images et vous permettez de percevoir au-delà de vos sens humains. Comme toujours, ça ne vous empêche pas de jouer tous les rôles, de construire ou manifester tout ce que vous voulez,

---

[5] Explications 3 pages plus loin.

d'explorer toutes les contrées de la planète, ainsi que les extrêmes. Mais de grâce, Ne soyez plus identifié au masque de l'acteur. Le masque doit tomber. Commencez à prendre conscience de son existence en augmentant votre présence et votre vigilance. Ainsi, vous pourrez progressivement vous en détacher. Soyez transparent. Soyez vulnérable. Soyez vous-même, pleinement, indépendamment de ce que les autres peuvent penser. Vous allez révéler peu à peu qui vous êtes vraiment et pouvoir vous exprimer pleinement dans votre vie, quoi qu'il arrive et quoi qu'on vous dise. Prenez un moment maintenant pour vous centrer sur vous-même et apprécier pleinement cet instant. Observez maintenant ce qui se passe en vous. Je vous invite même à arrêter votre lecture pour aujourd'hui et à passer le reste de votre journée ou soirée dans cette observation et cet accueil bienveillants.

Bienvenue ici à nouveau ! Revenons à notre ombre qui cache tant la Lumière. Notre ombre est ce que nous rejetons de nous-mêmes. Elle représente nos aspects indésirables et que nous n'assumons pas, en lien avec l'image parfaite que l'on s'attache à montrer. La première étape d'une quête spirituelle est la rencontre de ses ombres. La plupart des chercheurs s'arrêteront là, incapable de faire un pas de plus dans cette noirceur de l'égo. Pourtant, la véritable Libération se fait là : dans la rencontre, l'accueil, l'acceptation de ce qui est là, et la permission d'exprimer ce qui doit l'être. Mais aussi dans le détachement bien sûr. L'ombre ne vous appartient pas. Elle n'est qu'un bagage que vous acceptez. Mais vous pouvez aussi déposer ce bagage maintenant. Nous voilà au coin du feu. *C'est l'histoire d'un chercheur spirituel qui entend parler d'un grand maître en haut d'un village dans la chaine de montagnes de l'Himalaya. Sentant bien qu'il lui manque l'ingrédient secret pour connaître l'éveil, il décide de s'y rendre. C'est un long voyage à travers la montagne. Sur le chemin, il croise un homme vigoureux portant un lourd sac à dos. Le pèlerin comprend qu'il vient du village en question et qu'il est disciple de ce fameux grand maître. Il décide alors de lui poser la question ultime : « Qu'est-ce que l'éveil ? ». L'homme dépose alors son sac à dos sur le sol et le regarde longuement sans rien dire. Alors il continua « Bien, et après l'éveil, comment c'est ? ». L'homme remit le sac sur son dos et repartit.* Et voilà l'évidence, rien ne change, si ce n'est *la conscience que j'ai un sac à dos et que je peux le déposer quand je le désire*. A partir de là, je peux faire toutes les expériences que je souhaite sans peur de quoi que ce soit car je sais que je peux en changer naturellement.

« Jusqu'à la trentaine, nous passons le plus clair de notre temps à décider quels aspects de nous-mêmes nous allons jeter dans notre sac à déchets, puis nous passons le reste de notre vie à tenter de les en retirer »

Robert Bily

Certains auteurs mettent en garde sur le fait que plus on avance dans une quête spirituelle et plus on doit faire face à son ombre, car plus il y a de lumière et plus il y a d'ombre. Je suis en contradiction avec cela. Plus vous mettez de lumière, plus votre ombre devient visible alors qu'elle était cachée auparavant, mais elle diminue progressivement. En revanche, plus votre lumière est forte, plus elle peut débusquer les ombres les plus sombres. Vous pouvez alors avoir à affronter vos plus grandes peurs et colères étouffées depuis très longtemps. Le jour où vous êtes libre et que seule votre Lumière intérieure vous guide, alors il n'y a plus d'ombre. L'ombre ne peut être présente que si votre propre Lumière n'est pas révélée pleinement et que vous avez besoin de sources d'énergie extérieures. Voilà qui m'amène à un sujet qui plombe tellement de chercheurs spirituels et que j'appelle la soupe à la guimauve. Ce sujet est tellement subtil que je me fais moi-même régulièrement avoir et il est très bon de s'observer se faire happer par ce piège. La soupe à la guimauve est la spiritualité des bisounours qui passent leur vie à écouter les messages des anges et archanges, à parler d'amour et à être bienveillant. Je ne dis pas que c'est mal évidemment mais j'invite simplement à se poser la question suivante : « *A quel point est-ce que je joue un rôle qui n'est pas moi là-dedans ?* ». Quelqu'un a-t-il statué qu'il fallait être bon, gentil, bienveillant, serviable, tourné vers les autres, compatissant et j'en passe, pour être une bonne personne ? Cela me fait penser à ce livre que je n'ai pas lu mais dont le titre est très parlant « *Cessez d'être gentil, soyez vrai !* ». Voilà une clé magistrale de la Libération. Vous n'avez pas à être gentil ou bienveillant, vous avez à être vous-même. Vous n'avez donc rien de précis à faire. Evidemment, vous allez naturellement être bienveillant en étant connecté à votre âme et à la Source. Mais ce n'est pas une fin en soi. On peut facilement se retrouver à jouer ce rôle de la personne bienveillante, modeste, qui n'a besoin de rien pour être heureuse, qui fait ses rituels énergétiques chaque jour, alors que la connexion à l'être est clairement vacillante. On porte alors un masque de plus qui nous empêche de nous exprimer pleinement. Que vous jouiez un rôle soi-disant positif ou négatif revient au même. Les deux rôles participent à l'équilibre du monde. Mais vous ne pouvez vivre l'unité que lorsque vous laissez tomber le masque pour être Vrai.

APPRIVOISER SON OMBRE ET LIBERER TOUTES SES EMOTIONS CRISTALLISEES

Et si vous retrouviez la joie de l'enfant qui ne se pose pas de question pour agir ? L'enfant est lui-même avec ses bons et ses moins bons côtés. S'il a envie de quelque chose, il le fait savoir, s'il est mécontent, il est capable de faire un scandale dans une rame de train bondée. Il est simplement pleinement authentique et dans son essence. Ensuite, l'enfant apprend qu'il doit suivre des règles et respecter certaines limites. C'est très bien en soi mais cela dérive très vite puisque l'égo commence à naître et à vouloir se conformer à ce cadre et ces règles. C'est comme si nous passions notre temps à cacher qui l'on est. Nous allons maintenant voir de nombreuses techniques qui permettent d'apprivoiser son ombre et de se libérer de toutes ses entraves. Vous allez apprendre à entrer en contact avec votre ombre, à la personnifier, à vous en faire un ami cher. Cela vous permettra de lui permettre de se révéler, de se mettre en lumière pour s'y fondre naturellement. Toutefois, vous le comprenez aisément à présent, c'est toute une phase de responsabilisation qui s'offre à vous ici. *Je suis pleinement créateur de ma réalité et de mes réactions. Si je réagis mal face à quoi que ce soit, c'est qu'une partie blessée de moi s'exprime et ma réaction cherche à cacher cela. Je suis dans la fuite. Je peux alors à chaque fois me repositionner en être créateur et me demander pourquoi j'ai manifesté cette situation et ce que cela révèle de moi. Tout aspect négatif porte également son aspect positif. Et c'est seulement l'intégration de ces deux polarités qui me permet de vivre dans l'Unité et d'être libre. Le monde extérieur est toujours le reflet de mon monde intérieur. Je suis Créateur de tout ce que je vois, entends et vis. Tout ce que je juge, m'énerve, me fait peur ou douter ne sont que des parties de moi qui sont mises en lumière.* C'est seulement en prenant la responsabilité de tout ce que vous vivez et de tous vos ressentis que vous pourrez retrouver votre Liberté. Dans tous les cas, je vous invite à faire toute cette démarche dans la Joie ! Cela peut être difficile mais rien de ce que vous vivez n'a vraiment d'importance. Le voyage est la récompense et tout ceci s'annonce extraordinairement riche. Ne cherchez pas à atteindre quoi que ce soit car ceci sera bloquant. Ne vous chargez pas de cette pression. Cherchez simplement à vous exprimer pleinement et à prendre plaisir sur ce chemin particulier. Peu de personnes s'autorisent vraiment à aller au fond d'elles-mêmes, à faire face à ce qu'il y a de sombre en elles, et à se permettre de rayonner leur pleine Lumière. Vous êtes sur ce chemin. Chacun des mots de ce livre infuse son énergie de Libération en vous. Et mon plus grand bonheur est de vous savoir Libre. Mais aussi de savoir que vous prenez plaisir à cheminer sur cette voie de Libération car elle est pleine de surprises et pleine de vie ! Permettez-vous de faire les exercices qui suivent dès que vous en avez l'occasion. Certains sont à faire ponctuellement, d'autres immédiatement, d'autres encore en fonction des situations que vous vivez. Imprégnez-vous-en et jouez le jeu à fond !

ETRE PRESENT ET AUTHENTIQUE

"Vous avez rendez-vous avec votre vie dans le présent. Si vous ratez ce rendez-vous, vous risquez aussi de rater votre vie."

Thich Nhat Hanh

Et ce jeu se joue en présence bien évidemment. C'est ce premier exercice sur lequel je vous emmène et que je vous invite à intégrer dans chacune de vos interactions avec le monde extérieur, que ce soit une situation ou avec une personne. Il existe 2 modes de fonctionnement qui empêchent de se connecter à son ombre et de la mettre en lumière. Premièrement, c'est de faire semblant que tout va bien. Ainsi, on se voile la face et on ment à l'autre. On ne fait cela que parce que l'on a peur de se montrer vulnérable et de dire que ça ne va pas. Les personnes engluées dans la soupe à la guimauve vous diront qu'il faut être positif et surtout ne pas dire que ça ne va pas. Mais quelle hérésie ! *Combien de temps puis-je me leurrer comme cela en restant empêtré dans ma mélasse ?* Faire semblant, et donc être dans le mensonge, abaissera toujours votre vibration. De plus c'est cette attitude qui nous coupe de nos ressentis dès l'enfance. Un parent qui se sent mal va rarement l'avouer à son enfant. Or, celui-ci perçoit ce mal-être qui est en discordance avec ce que son parent montre et lui dit. Ainsi, il est dans la confusion et comprend inconsciemment qu'il ne peut se fier à ses ressentis, et par conséquent il s'en coupe. Le second mode de fonctionnement est de s'écrouler émotionnellement, c'est-à-dire d'en faire tout un fromage, de chercher le soutien de l'autre à tout prix. On peut à la fois pleurer comme un enfant ou entrer dans une colère noire qui crée du désordre autour de soi et qui met mal à l'aise. Etre en conscience vous demande d'être authentique sans vous laisser dominer par l'émotion. Ainsi, vous pouvez rester en présence, connecté à ce qui se passe vraiment en vous, en exprimant sans jugement ce qui est, tout en étant conscient que cette émotion n'est qu'une expérience et qu'elle est donc éphémère. Vous êtes ainsi vulnérable tout en restant présent et en conscience que ce n'est pas une expérience négative ! Toute expérience est fabuleuse et les émotions sont merveilleuses si on s'autorise à toutes les vivre de la sorte. Vous pouvez pleurer ou être en colère mais de façon saine et les autres le percevront. Vous pouvez utiliser la phrase « *je ressens...* » permettant d'apporter de la lumière sur ce que vous ressentez. L'important est de toujours rester conscient que cette expérience est associée au personnage que vous jouez et non à l'être divin que vous êtes. Nous allons voir par la suite comment créer une vraie relation avec cette émotion. Si lorsque vous exprimez ce que vous ressentez à quelqu'un, il vous accuse, alors jouez le jeu de l'authenticité encore et encore. Par exemple « *Je ressens de la colère envers toi après que tu m'ais dit ça.* » et il vous répond « *Et tu crois que je suis pas en colère moi ?!* », ce à quoi vous pouvez répondre « *si je le conçois bien, ce n'est pas contre toi, mais je ne me sens pas écouté ni compris dans cette situation...* ». L'objectif est que vous restiez connecté à votre ressenti et que vous ne restiez pas en surface en accusant l'autre ou en jugeant la situation. Vous avez le droit de vous exprimer. Vous ne vous posez pas en victime mais êtes simplement dans l'expression consciente de vos ressentis. Je vous invite à l'être le plus souvent possible. Evidemment, ce sera plus facile avec certaines personnes qu'avec d'autres. Respectez-vous sur ce chemin. J'ai appris personnellement à être transparent dans toute mon activité, aussi bien quand je collabore avec d'autres personnes, que dans mes stages. Je dis ce que je ressens, surtout si ça bloque en moi. Si je me sens sous-estimé, surestimé, incompris, trahi, offensé, ou quoi que ce soit, je l'exprime. Ainsi, je ne cristallise pas cette émotion et cela permet toujours de construire une relation de confiance avec l'autre. Dans tous les cas, accueillez toujours la réaction de l'autre. Il ne sera pas forcément dans la bienveillance et ce n'est pas important. Ce qui compte est que vous soyez intègre et en expression totale de qui vous êtes.

ENTRER EN CONTACT AVEC MON OMBRE EN PLEINE CONSCIENCE

Je me dois d'accepter que j'ai une ombre et que ma mission première est de m'en libérer. Autrement dit, c'est d'arrêter d'être dans le déni. Tout ce que vous mettez à la lumière de votre conscience peut alors reprendre vie et cesser de prendre une place inadaptée. Notre ombre se manifeste très régulièrement afin que l'on puisse en prendre conscience. Elle utilise de nombreux déguisements afin que vous puissiez la voir sous différentes formes. Cette part d'ombre est ce que vous (personnage/égo) souhaitez créer afin d'être en accord avec vos croyances et ce que la société ou votre cercle social attend de vous. En d'autres termes, c'est toute l'illusion à laquelle vous vous attachez et aux buts illusoires que vous poursuivez qui ne vous apporteront que joies éphémères et insatisfactions. Si vous n'êtes pas pleinement en paix et épanoui dans votre vie aujourd'hui en rayonnant sans compromis votre Je Suis dans votre Essence, alors votre ombre n'est pas encore intégrée. En réalité, nous sommes tous en chemin mais lorsque vous prenez plaisir sur le chemin, alors votre vie en est absolument transformée. Quoiqu'il en soit et ou que vous en soyez, avoir conscience de votre ombre est la première des étapes. Ensuite, c'est d'entrer en contact avec elle, lui accorder votre attention et votre énergie. *L'objectif ici est de partir en découverte de mon ombre et d'accueillir tout ce qui monte en moi sans jugement, en conscience que si cela revient à ma conscience ou vient s'exprimer dans mon corps maintenant, c'est que j'ai toutes les ressources intérieures pour y faire face.* Vous allez alors avancer sur un chemin de conscience en portant votre attention sur tous les moments de votre vie où vous vous surprenez à penser ou à avoir un comportement automatique qui n'est pas en adéquation avec votre âme ou votre cœur. C'est l'égo qui se manifeste, qui se met en avant et vous pousse à fuir ou à combler un manque. A partir de là, c'est soit vous continuez à fuir et à réagir de façon automatique par les différentes stratégies de survie qu'a mis en place l'égo, ou alors vous réapprenez à vivre vos émotions. Pour cela, il faudra vous armer de courage et rester présent avec vos émotions. Ce sera difficile. Vous serez tenté par les distractions, les addictions, les différentes réactions automatiques. Intégrer son ombre, c'est se permettre de sortir de ces schémas de comportements récurrents qui ne viennent que d'une volonté de survie de l'égo, évidemment au détriment de l'Être. Mettre en lumière l'ombre, c'est permettre à la Lumière et à l'Être de rayonner.

EXERCICE PRATIQUE

Je vous propose ici de vous exercer à être en conscience lorsque vous cherchez à fuir une situation ou une personne, ou encore à combler un manque, c'est-à-dire de faire une action qui n'est pas en accord avec vos besoins mais soulage une émotion que vous n'avez pas envie de vivre. A chaque impulsion ressentie, vous pouvez vous poser la question « *Pourquoi ai-je cette impulsion ? Qu'est-ce qui se passe ?* ». A ce moment vous entrez dans un état de réceptivité et d'accueil qui vous permet de mettre en lumière votre ombre. Vous pouvez vous servir de la respiration consciente et laisser monter toutes les émotions et pulsions en vous. L'exemple qui parle à beaucoup concerne la nourriture. *Pourquoi ai-je cette impulsion d'aller manger alors que je n'ai pas faim ? Qu'est-ce que mon corps essaie de me dire ? Qu'est-ce que je chercher à trouver à travers l'acte de manger ? Est-ce que je cherche à étouffer une émotion, à remplir un vide, à éviter l'ennui, à avoir du plaisir (que je sais éphémère) par les sens ?* Soyez présent à ce que vous faites. Plus vous serez conscient de votre vie, plus elle sera riche. Offrez-vous le cadeau du moment présent et dégustez-le comme la plus précieuse des saveurs.

CHEVAUCHER SON DRAGON

« L'animal qui est en nous peut devenir dangereux lorsqu'il n'est pas reconnu et intégré »

Carl Gustav Jung

Dans de nombreuses histoires et légendes, le dragon apparaît comme un symbole d'ennemi à combattre, mais surtout que l'on peut apprivoiser par le courage et la persévérance, et finir par chevaucher. Ainsi, on peut s'élever dans le ciel et avoir une vision bien plus étendue de notre monde. Le dragon est aussi l'image de cette ombre en nous. J'aime beaucoup l'interprétation que l'on peut en faire dans le film *Avatar* avec le peuple des *Na'vis* où, afin de devenir un adulte, chaque individu doit dompter et apprivoiser un *ikran*, une sorte de dragon qui se cache dans l'endroit le plus caché et difficile d'accès de cette planète. Quand le héros demande comment reconnaître le sien, sa guide lui répond : « *c'est celui qui essaiera de te tuer* ». Votre ombre peut paraître dangereuse et c'est pourquoi vous la fuyez la plupart du temps. Mais elle n'a qu'un but : vous révéler à qui vous êtes vraiment au-delà de toutes ces illusions, et non vous tuer. C'est pourtant la peur de la mort, conscientisée ou non, qui est à l'origine de toutes ces fuites. Une fois que vous chevauchez le dragon, plus rien ne peut vous arrêter. En regardant en arrière, vous vous rendez également compte que rien de ce qui vous hantait auparavant n'en valait vraiment la peine et que c'était juste là pour vous aider. L'objectif ici est de vous rendre compte que le dragon n'est pas un ennemi à abattre mais qu'il est bien votre allié le plus précieux pour vous guider vers la réalisation du Soi. Vous pourrez ainsi œuvrer pour le meilleur de l'humanité en ayant triomphé de vos propres démons et en étant capable d'aider les autres sur le même chemin. Ce chemin est toutefois semé d'embûches. Evidemment, affronter son ombre est loin d'être de tout repos mais le plus grand problème auquel nous faisons face est la distraction. La plupart des personnes fuient leur ombre parce qu'elles en ont beaucoup trop l'opportunité à travers les sollicitations du monde, les plaisirs faciles et la paresse naturelle. Nos sociétés dites industrialisées nous offrent tellement d'échappatoires qu'il devient trop facile de s'extraire de ce travail essentiel sur notre ombre. Ainsi, on se surcharge d'activités plus ou moins utiles mais qui nous empêchent de penser à autre chose. On mange davantage que notre corps nous en demande et donc on tente d'assouvir une faim émotionnelle qui trouve sa source dans notre ombre. On se sécurise sur tous les plans, empêchant l'âme de s'exprimer dans la liberté. On remplit ainsi l'intérieur par l'extérieur, ce qui est un leurre. On achète des objets sans intérêt, simplement pour le plaisir de s'offrir quelque chose que l'on n'utilisera jamais. C'est ainsi que certaines personnes peuvent se retrouver avec 50 paires de chaussures. Vous conviendrez que, même si c'est votre cas, c'est une absurdité. La vraie question à se poser alors est « *Qu'est-ce que ce besoin d'acheter, de manger, de m'activer ou de me sécuriser remplit ou nourrit en moi ?* ». Si quelque chose doit être nourri, c'est qu'il y a un vide. Et ce vide est telle la grotte sombre où attend patiemment le dragon que vous y jetiez un œil pour vous roussir les sourcils... Cela demande force et courage afin de plonger au fin fond de notre être et mettre en lumière ce qui est tapi dans l'ombre. C'est uniquement de cette façon que l'on peut connaître la bête et la chevaucher pour retrouver sa Liberté. Nous voyons encore ici cette notion de vide qui est à la fois la porte vers notre Lumière qui illumine, irradie et qui est sans peur, ainsi que notre plus grande peur car elle est gardée par notre dragon intérieur. Le plus important à retenir ici est que l'objectif n'est pas d'abattre le dragon mais bien de l'apprivoiser. *A partir du moment où je combats ou entre en résistance avec quoi que ce soit, je le renforce. Ce à quoi je résiste persiste*. C'est de cette façon que je peux me retrouver à être littéralement blindé face à certaines situations, personnes, émotions, qui m'empêchent d'être qui Je Suis dans mon Essence.

EXERCICE PRATIQUE

Quelles sont les émotions que je ne souhaite pas ressentir ? Quelles sont les distractions qui me font fuir mes émotions ? Est-ce que je mange sans faim ? Est-ce que je tue le temps devant la TV, les réseaux sociaux, les jeux vidéo ? Est-ce que, lorsque je me sens mal, je fais tout pour fuir la sensation en cherchant à noyer le poisson/dragon ? Qu'est-ce que je fuis vraiment ? Ensuite, ai-je peur du vide ? Comment est-ce que je me sens si je n'ai rien à faire, si je n'ai rien à manger, si je n'ai plus d'argent, si je suis seul, si je me sépare d'objets ou qu'on m'en vole ? Suis-je addict à certaines nourritures, pratiques, au sexe, à la séduction ? Est-ce que je cherche à me sécuriser dans tout ce que je fais ?

L'objectif est de voir si vos comportements cachent la peur d'affronter le dragon et de vous laisser traverser par le Souffle Vivant. Ne répondez pas avec le mental mais immergez-vous dans les situations dans lesquelles vous plongent ces questions. Vous n'êtes pas obligé de vivre physiquement une situation pour vous en libérer. Vous pouvez vivre une libération incroyable maintenant, simplement en accueillant des émotions que vous fuyez habituellement et que vous vous interdisez de vivre. Offrez-vous ce temps d'introspection qui apportera beaucoup de Lumière en vous ! Nous allons continuer sur cette voie en allant toujours plus en profondeur. Plus vous ferez les exercices successifs avec conscience, plus grande sera la Libération. Mais comme toujours, aucune pression, avancez à votre rythme.

L'ACCUEIL INCONDITIONNEL

Voici certainement la clé ultime de la Libération. Lorsque vous êtes capable de faire preuve d'accueil inconditionnel, alors toute votre vie en est transformée. On parle souvent d'Amour inconditionnel mais il paraît tellement utopique et difficile à appliquer qu'il est à mon sens vain de chercher à l'incarner. L'accueil inconditionnel, quant à lui, ne demande aucune perfection. Il permet d'arrêter de contrôler les événements qui nous arrivent. On arrête simplement de se focaliser sur l'impact que l'on a sur les éléments extérieurs pour se centrer uniquement sur l'intérieur. Chaque être humain peut en faire preuve. *Il s'agit d'accueillir toute situation comme si c'était la meilleure expérience que je puisse vivre en cet instant. Si j'ai attiré telle personne, telle situation ou tel comportement, c'est que j'ai tout mis en œuvre, consciemment ou inconsciemment, pour que cela se manifeste. Je peux être dans le déni de cela et je m'éloigne alors de ma véritable nature d'être Créateur. Lorsque je subis, je perds tout pouvoir, toute essence divine. J'en suis ramené à l'enveloppe corporelle qui me compose et qui me limite*. Vous êtes bien plus que cela. Vous êtes une merveille de l'Univers. En décidant de voir chaque seconde de la vie comme la plus belle qui soit, alors vous vous autorisez à en tirer le meilleur. Ainsi vous vous autorisez à être traversé par tout ce que la Vie vous propose de vivre car vous savez que l'Univers vous sert sur un plateau ce dont vous avez besoin maintenant. Tout concourt à faire que votre âme se libère de toutes ses chaines.

ACCUEILLIR LES MESSAGES

Les messages sont mes sages. Mais qu'est-ce qu'un message ? Tout est message. Tout est information dans l'Univers. Toute situation vécue, toute personne croisée, tout ce que nous voyons à chaque instant autour de nous est message. Le monde extérieur n'existe qu'à travers mon regard. S'il n'y a pas d'observateur, le monde n'existe pas car il dépend de ce regard créateur. Tout l'Univers s'accorde selon les vibrations de chaque créateur, de chaque Un. Puisque tout est message et que j'en suis le demandeur d'après mes vibrations, pourquoi la majorité des gens les ignorent ? Pire, ils en veulent au messager qu'ils accusent alors qu'il ne joue qu'un rôle de cocréation. *La personne qui se met en colère contre moi n'est qu'un messager qui me donne le message de la colère qui n'est qu'un reflet de la mienne que je garde en moi, ou que j'ai contre moi, ou encore que je projette envers le monde extérieur. Alors pourquoi lui en vouloir, voire lui faire payer ? C'est comme insulter le facteur qui m'apporte une mauvaise nouvelle par une lettre. C'est comme si j'en voulais au miroir de refléter ce bouton d'acné qui a poussé pendant la nuit.* La plupart des gens en veulent au monde extérieur et cherchent à changer le miroir plutôt que de regarder en eux la véritable source de toute chose. De cette façon, vous êtes toujours en lutte et ne pouvez décrypter ces messages qui ne se manifestent que pour vous aider.

ACCUEILLIR LES DOULEURS

Les douleurs sont des doux leurres. Cette société est tellement souffrante. 85% de la population mondiale est malade et la quasi-totalité des gens subissent leur vie au quotidien. *Alors comment puis-je reprendre la maîtrise de ma vie ? Comment puis-je arrêter de souffrir ? Les douleurs ne sont que des doux leurres. Je crois subir quelque chose alors que la Vie me donne sur un plateau d'argent tout ce dont j'ai besoin pour me Libérer.* Nous sommes tellement habitués à étiqueter en bien et en mal toute chose que nous créons notre propre prison. Il n'y a rien de mal, il ne peut y avoir que des intentions de nuire qui créent également un équilibre puisqu'elles sont le reflet de notre propre souffrance collectivement. On est sans cesse en train de juger sans jamais se mettre à la place des autres. Comment peut-on juger un terroriste sans jamais se mettre à sa place ou à la place des personnes qui le dirigent, ou encore à la place d'un œil omniscient qui verrait pourquoi il est indispensable que cela arrive et le rôle d'équilibre que cela tient ? Je suis parfois haï pour affirmer des choses pareilles car je sers de miroir à la souffrance qu'il y a en beaucoup d'individus. Et c'est parfait comme cela. Cette souffrance et cette douleur doivent voir le jour, être mises en lumière pour pouvoir être libérées. A partir de maintenant, mettez fin à tout jugement. Le mal n'est qu'une création de l'Homme et tant que vous n'en serez pas convaincu, vous souffrirez de cette dualité bien/mal.

LE POUVOIR DE LA NON-ACCEPTATION

Certaines personnes qui ont lu mon livre sur les lois universelles m'ont vivement critiqué en disant que ce que j'avais écrit était du grand n'importe quoi, notamment lorsque je disais qu'il fallait tout accepter. C'est complètement normal lorsque l'on fait tomber des croyances auxquelles beaucoup de chercheurs spirituels s'accrochent. Et on ne voit que ce que l'on veut bien voir car je n'ai jamais écrit que l'on devait tout accepter. Vous n'avez pas à tout accepter dans votre vie, loin de là. Et si aujourd'hui, vous acceptez tout ce qui se passe dans votre vie, je pense qu'il est temps de vous réveiller. Le monde dans lequel on vit qui est gouverné par des êtres malveillants est complètement perverti sur différents plans, et vous n'avez pas à l'accepter. Personnellement, je ne l'accepte pas. En revanche, je l'accueille avec Joie. Je l'accueille parce que cela fait partie de notre chemin d'évolution en tant qu'humanité. Je l'accueille parce que cela fait partie de mon chemin de vie et que cela m'offre les différentes expériences enrichissantes que je vis. Tout cela est absolument parfait. Si j'accueille tout cela sans jugement, c'est parce que si la vie me permet de vivre ces expériences, c'est que j'en ai besoin, que ce sont les meilleures que je puisse vivre du point de vue de l'âme, et que j'ai aussi mon rôle à jouer dans ce jeu-là. J'accueille parce que je ne comprends pas le pourquoi de tout ce que je vis, que je ne comprends pas comment on a pu en arriver là, que je ne sais pas précisément où l'on va, et c'est parfait comme cela. On ne vient pas sur Terre pour comprendre le pourquoi de chaque chose mais plutôt pour s'abandonner à ce qu'on ne pourra jamais comprendre depuis notre perspective humaine. Je fais juste de mon mieux à chaque instant pour tendre vers une direction qui me tient à cœur. J'accueille tout ce que la Vie me donne parce que tout ce qu'elle me donne est un véritable cadeau pour moi, que ça soit positif ou négatif dans ma perception. C'est le plus beau cadeau qu'elle puisse me faire maintenant alors je l'accueille avec grand plaisir. Et d'une certaine façon, je l'accepte. Mais je n'ai pas à accepter certaines perturbations extérieures et l'impact qu'elles ont sur moi. Je n'ai pas à accepter que l'état vole mon argent. Je n'ai pas à accepter que les *chemtrails* m'empoisonnent. Je n'ai pas à accepter que des litres de poisons soient déversés sur les légumes que je mange. Je n'ai pas à accepter que des marionnettes politiques prennent des décisions à ma place et dirigent ma vie. Je n'ai pas à accepter une technologie de plus en plus intrusive qui m'espionne en permanence. Je n'ai pas à accepter d'être rendu malade par la nourriture, les ondes, les médicaments, les cosmétiques, l'eau, et j'en passe. Pourquoi et comment pourrais-je accepter cela ? Pourtant, c'est ce que la plupart des gens font, en ayant perdu leur Pouvoir. On peut ainsi se retrouver sous la coupe de personnes abusant du leur... Ou abusant du leurre. Vous n'êtes obligé de rien. La Vie est Liberté. C'est à vous de définir les choix que vous faites et ce que vous décidez de nourrir, ainsi que l'énergie dont vous les imprégnez. Les deux énergies qui se font face sont toujours l'Amour et la Peur. Ou d'une certaine façon, c'est « *est-ce que je prends mes décisions par Amour ou par Peur des répercussions, notamment d'être rejeté, mal-aimé ?* ». Le chemin de la Libération se passe en enlevant les couches de protection que l'on a construites et les différents consentements qui nous assouvissent et nous font perdre notre Grandeur. *Tout ceci ne peut se passer que dans un accueil inconditionnel de tout ce que la vie m'offre, me propose, le tout dans la meilleure énergie et en profiter pour bâtir autre chose sur ce terreau-là*. Chaque instant est un « *Waouh, la vie me donne ça à vivre* ! » pouvant mener à un « *Qu'est-ce que je peux construire là-dessus ? Comment je peux même m'en servir de tremplin ?* ». Ceci peut être une démarche mentale mais aussi complètement intégrée dans votre mode de fonctionnement. Ce sont vraiment des clés extraordinaires. Avec ceci, vous pouvez intégrer que tout ce qui vous arrive dans votre vie. L'accueil inconditionnel vous aide à aller de l'avant, à passer les paliers, à vous nettoyer de certaines choses, à vous libérer, à devenir toujours plus vous-même. Mais cela implique de ne pas tout accepter aveuglément. La plupart des gens se font polluer par des circonstances de vie, par des personnes, par leur famille, par leur conjoint, leurs enfants, par d'autres personnes extérieures qui viennent leur pomper leur énergie, qui abusent d'eux-mêmes. Ils se font aussi plomber par tout ce que la société semble leur imposer. Mais rien n'est jamais imposé du fait de la loi du consentement. On peut avoir l'illusion que l'on est obligé de faire quelque chose, ce qui est simplement le reflet de notre propre faiblesse face à l'autorité, synonyme de puissance bien qu'elle soit égotique ici. L'immense majorité des gens est dans la soumission totale, acceptant l'inacceptable. Beaucoup font ce qu'ils n'auraient jamais fait sans être influencés. Lorsque vous n'êtes pas dans votre Puissance, que vous ne laissez pas exprimer votre Energie

Originelle dans votre vie, alors l'Univers vous miroite en permanence cela pour que vous en preniez conscience. Vous ne pouvez capter ces messages que par l'accueil et ainsi arrêter de tolérer l'intolérable et accepter l'inacceptable. Personnellement, je ne tolère plus que des paysans aillent tuer la terre ou les plantes qu'ils cultivent, en faisant des ravages sur la terre. Je ne vais pas leur jeter des tomates mais je ne les soutiens pas. Je préfère donner mon temps, mon argent et ma belle énergie aux personnes que je ressens alignées, dans le cœur et proposant une agriculture biologique en accord avec de belles valeurs. Je vais en faire la promotion et acheter leurs produits pour d'autres personnes également. L'usage des pesticides est une merveilleuse occasion pour me centrer sur ce que je souhaite nourrir et construire, mais en aucun cas je ne donne mon consentement à cela. Si vous achetez vos fraises au supermarché en sachant qu'elles sont blindées de pesticides, vous entrez dans l'acceptation de quelque chose qui est source de souffrance pour beaucoup d'êtres, incluant Gaïa. Si vous avez ensuite un retour de souffrance dans d'autres domaines de votre vie, il ne faut pas vous étonner. Evidemment, l'accueil vous permettra toujours de comprendre là où vous n'êtes pas dans votre alignement et ainsi pouvoir redresser la barre. Vous pouvez trouver des exemples dans tous les domaines de votre vie. Demandez-vous à qui et à quoi vous donnez votre temps, votre argent et votre énergie. Ainsi, vous pouvez vous rendre compte si vous faites vos choix par Amour et dans le cœur, ou si vous les faites par Peur et que cette dernière vous maintient dans une situation où vous subissez, où vous êtes esclave. À tout moment, vous avez votre droit de véto. Toute situation que vous vivez peut s'arrêter du jour au lendemain, simplement en vous affirmant pleinement. Vous pouvez demander à une personne de sortir de votre vie sur le plan énergétique en ne tolérant plus sa présence car vous avez intégré le message qu'elle était venue vous délivrer. *Je peux dire STOP et je peux lui dire « maintenant tu t'en vas et tu ne reviens pas, j'ai entendu le message que tu m'as délivré et je décide maintenant de me séparer de toi et de vivre libre ! ». J'ai le droit d'être dans cette non-acceptation. Mais j'accueille toujours parce que d'une certaine façon la Vie m'a amené cette personne pour que j'apprenne à m'affirmer et que j'apprenne à dire non, donc tout est absolument parfait. Quoiqu'il en soit, il n'y a aucune bonne ou mauvaise décision. Toutes les décisions que je prends sont toujours les meilleures, simplement parce ce sont celles que je prends. Ces décisions me font vivre des expériences qui me permettent d'affiner la révélation de qui Je Suis, et ce que je suis venu faire sur Terre.*

EXERCICE PRATIQUE

3 questions à vous poser dès à présent pour faire la lumière sur les messages et les messagers que vous envoie l'Univers dans votre vie :

› *Quelle(s) situation(s) se répètent encore et encore dans ma vie et que je subis ? Un manque d'argent, des relations toxiques, des situations désagréables, etc. Quel message est-ce que je refuse de voir ? Que pourrait-il contenir ?*

› *Quelle(s) douleur(s) physiques ou émotionnelles sont présentes en moi et que cherchent-elles à me communiquer ?*

› *Qu'est-ce que j'accepte ou que je tolère dans ma vie dans un sentiment de soumission ? Pensez à la politique, les finances, les impôts, le travail, votre temps libre, vos relations familiales, amicales, amoureuses, etc. Ensuite, si vous vous sentez prêt (c'est-à-dire que vous êtes suffisamment dans votre Puissance), décidez de vous libérer de cette emprise et de prendre des décisions en alignement avec l'énergie du cœur.*

Vous apportez ici de la conscience à des choses que vous faites automatiquement ou par conditionnement. Il est temps de vous Libérer ! C'est à la fois en assumant votre Puissance mais aussi en mettant la Lumière sur ce qui était caché ou sur toutes les choses pour lesquelles vous étiez dans le déni. La Conscience vous libérera. Vous n'avez pas à faire ce que vous faites par devoir. Votre seule mission et d'exprimer l'être divin que vous êtes en totale liberté et sans compromis. Détachez-vous de ce qui vous maintient dans l'illusion et décidez maintenant de rayonner sans condition.

LE REGARD DES AUTRES SI DERANGEANT ET SI LIBERATEUR

« L'enfer, c'est les autres »

Jean-Paul Sartre

Ce à quoi je répondrais : *Ou pas*. Mais dans un esprit torturé et dominé par l'égo, il va de soi que les autres puissent être source de souffrance. Dans un esprit aligné avec le cœur, alors les autres sont un merveilleux miroir permettant de se révéler toujours davantage et plus rapidement. Les personnes que l'on aime sont également souvent celles qui peuvent nous énerver le plus, nous exaspérer, nous mettre dans un état d'incompréhension total. Le regard de l'autre se veut protecteur. Et la protection mène à l'inhibition. Nos proches ne veulent surtout pas que nous prenions des risques car c'est inconfortable pour tout le monde. Pourtant, chaque regard de l'extérieur, chaque remarque, chaque reproche, chaque dissuasion est un cadeau... Ce qu'il se passe en réalité, c'est que ces personnes-là nous aiment tellement qu'elles sont prêtes à endosser les rôles et masques qui vont permettre de pointer du doigt ce qu'il y a à libérer en soi. Si l'autre vous met en défaut, cela révèle en vous un manque de confiance ou d'affirmation. Si vous arrivez à un repas de famille avec vos nouvelles idées et projets flamboyants avec une confiance inaltérable, ce que vous présentez sera accepté naturellement. Il pourra y avoir des discussions mais lorsque l'autre ressent vibratoirement que vous êtes dans votre alignement, il ne peut aller à votre « encontre ». J'écris ces lignes à un moment particulier pour moi et je vais vous raconter quelque chose qui pourrait complètement changer votre façon de vivre. Plus j'avance dans l'expression totale et sans compromis de ma Vibration Originelle, et plus je vois la supercherie du New-Age. Je souhaite parler ici du fait de s'entourer de personnes positives en accord avec votre vibration. Quelle hérésie. En quoi ce processus devrait être mentalisé ? Nous sommes des milliards d'êtres humains sur Terre et une infinité d'autres êtres nous accompagnent sur différents plans. Nous attirons et permettons naturellement à tous les êtres de même vibration d'entrer en communication avec nous, que ce soit par les 5 sens traditionnels ou d'autres perceptions plus subtiles. Vous pouvez avoir l'impression que des personnes vous polluent ou n'ont rien à faire dans votre vie. Pourtant, elles sont précisément là pour vous permettre de rayonner pleinement qui Vous Êtes. Elles jouent les meilleurs rôles, souvent dérangeant et révélateurs de votre ombre, pour vous aider sur votre chemin de Libération. En les fuyant, vous vous fuyez. *C'est comme l'histoire de cette famille qui change de vie et vient s'installer dans un petit village dans un nouveau pays. A l'entrée du village est assis un vieillard auquel le père de famille demande « Comment sont les gens ici ? », ce à quoi il leur répondit « Comment sont les gens d'où vous venez ? », « eh bien ils sont insupportables, c'est pourquoi nous venons ici. », « alors, vous trouverez les mêmes ici. »*. On emmène toujours avec nous nos bagages émotionnels et recréons toujours le même type d'environnement qui nous permettra de nous Libérer. Alors le but n'est pas de vous séparer des personnes qui vous dérangent mais bien de pouvoir être vous-même en toute situation et avec n'importe qui. Comme toujours, la Vie est là pour vous aider et ne vous mettra jamais de bâtons dans les roues. Si vous avez l'impression que c'est le cas, c'est seulement parce que vous êtes dans le déni de ce que vous vibrez et de vos parts d'ombre. Ce que je souhaitais vous raconter à travers ces lignes, c'est justement cette prise de conscience. Alors que je commençais à me couper de mes anciennes relations, je me suis mis au défi de passer du temps avec celles-ci pour voir si je pouvais être pleinement moi-même avec elles. Evidemment, nous ne sommes pas en accord sur notre façon de vivre, de nous nourrir et de voir la vie. Et cela n'a aucune importance. La différence crée la richesse de la relation et si chacun est au clair et ne cherche pas à prouver à l'autre quoi que ce soit, alors une fluidité naturelle se met en place. Dans une démarche spirituelle, on pense souvent avoir la Vérité et vouloir la transmettre aux autres. C'est là que l'égo spirituel se déploie insidieusement et revêt la cape du héros pour sauver le monde. Or, vous n'avez rien à sauver. Vous avez juste à être VOUS. Le regard des autres si dérangeant sera toujours là pour pointer l'ombre pour ainsi briser l'armure qui laissera filtrer votre Lumière qui rayonnera de plus en plus. Ne cherchez pas à tout prix à vous entourer de personnes positives, écoutez simplement votre cœur et votre âme. Ainsi, vous serez guidé auprès des personnes qui seront celles dont vous avez besoin sur votre chemin. Vous pouvez vous rendre compte de votre propre alignement lorsque vous pouvez être vous-même, en paix et en harmonie AVEC les autres et en toute situation. C'est ce qu'il s'est passé pour moi où je craignais ces rencontres alors qu'elles se sont toutes passées dans l'Harmonie à ma grande surprise. J'ai su alors que j'avais suffisamment développé ma compassion et ma tolérance pour pouvoir être moi avec toute personne. Vous ne serez jamais mis en face d'une personne prête à vous faire du mal si vous êtes en paix. Votre paix apaise, irradie, rayonne et impacte naturellement tout ce qui vous entoure. Ainsi, même le plus grand des criminels ne peut vous faire de mal. Pour aller plus loin, et ne me croyez bien sûr pas sur parole, vous pouvez rendre inactif toute arme de destruction ou les maintenir simplement éloigné de vous, du fait de votre simple présence. Imaginez alors l'impact du nombre croissant des êtres qui s'éveillent sur Terre. Tout n'est pas rose sur Terre aujourd'hui, loin de là. Mais nous sommes sur cette voie de changement et rien ne pourra arrêter ce mouvement.

EXERCICE PRATIQUE

1. *Qu'est-ce que je ne supporte pas chez les autres ?* Vantardise, malhonnêteté, hypocrisie, indifférence, infidélité. C'est parce que l'on a peur d'exprimer ces parts de nous-mêmes que l'on n'accepte pas de les voir chez les autres.

Si je n'ai pas de colère en moi, comment l'autre peut-il m'énerver ? Si je n'ai pas de peur en moi, comment l'autre peut-il m'effrayer ? Si je n'ai pas de blessure en moi, comment l'autre peut-il me blesser ?

Si je m'énerve après une personne, c'est ma propre colère qui s'exprime. Ça n'a rien à voir avec l'autre qui joue le rôle inconscient de révéler ma colère. Ce n'est qu'un reflet pour moi.

2. Ensuite, je vous propose un exercice permanent qui est celui de *discerner ce qui est vraiment en train de se passer sur le plan vibratoire de ce que votre mental/égo pense qu'il est en train de se passer*. Voici un exemple lors d'une situation conflictuelle avec une personne :

› Ce qui N'EST ABSOLUMENT PAS en train de passer : cette personne cherche à me nuire, à me causer des problèmes, à vouloir générer une émotion négative en moi. Ceci est une interprétation basique et mentale basée sur la seule réalité physique qui est une illusion.

› Ce qui est PROBABLEMENT en train de se passer : L'autre joue un rôle pour me permettre d'attirer mon attention sur une blessure non cicatrisée, sur mon ombre, ou encore le fait que je prends un

> chemin qui n'est pas le plus sain. Nous sommes alors en cocréation et l'Univers joue de tous les stratagèmes possibles pour me guider sur mon véritable chemin de Libération.

Vous pouvez opter pour cette façon de voir la vie quoi qu'il vous arrive. Ainsi vous vous libérez de toute interprétation infondée qui vous cause du tort. Il est probable que vous viviez des schémas récurrents dans votre vie qui n'existent que pour pointer du doigt quelque chose. Ne vous laissez jamais happer par le statut de victime. Vous créez à chaque instant tout ce qui vous arrive. Peut-être que toutes vos relations amoureuses s'enveniment à partir du sixième mois. Peut-être que tous vos patrons sont des obsédés sexuels. Peut-être que vous devez payer une amende chaque fois que vous commencez à avoir de l'argent en banque. Peut-être que vous prenez des kilos régulièrement sans vraiment savoir pourquoi. Peut-être que vous avez l'impression de tout faire bien dans chacun de ces domaines et pourtant vous souffrez. Toutes ces situations sont des messagères. Vous n'avez pas à les subir mais à les vivre pleinement, sans jugement, dans l'accueil inconditionnel, en les voyant comme des bénédictions plutôt que comme des châtiments. Toutes ces situations se représenteront encore et encore tant que vous n'aurez pas intégré la part d'ombre associée. En réalité, ce n'est jamais la situation ou la personne que vous n'aimez pas mais la façon dont vous interagissez avec elle. Faites alors toujours preuve de discernement pour pouvoir voir ce qui se joue vraiment.

DIALOGUER AVEC SON OMBRE

« Parfois tristesse, parfois joie. Rappelle-toi que derrière chacune d'elle il s'agit de la perfection naturelle de la vie qui s'exprime. »

Dan Millman, auteur de Guerrier Pacifique

Vous allez ici développer l'auto-compassion de façon à vous adresser avec bienveillance aux parties de vous-même qui demandent de l'attention. *Mon ombre qui s'exprime ne représente que des parties de moi qui ont besoin d'Amour. Si j'en ai peur ou que je les rejette, alors je ne fais que les amplifier.* Chaque émotion désagréable, chaque douleur physique et chaque pensée négative ne sont que des messagers. Vous le savez à présent, c'est comme si un ami cher venait vous parler, vous délivrer un message ou encore vous guider. Généralement, on envoie balader ces guides, au mieux on les ignore, au pire on leur en veut. Le dialogue intérieur que l'on peut mettre en place avec notre ombre peut être salvateur, bien que peu agréable à vivre parfois. Cela demande du courage car vous affrontez le dragon ! Mais vous savez qu'il vous fait surtout peur parce que vous ne le connaissez pas. En entrant en communication avec lui, vous allez profondément changer votre relation avec vous-même. Ce sont vos pensées, vos paroles, vos actes et votre énergie d'une façon générale qui vont en être impactés favorablement. Dialoguer avec son ombre est aussi synonyme de *faire preuve d'empathie pour toutes les personnes autour de moi qui sont blessées et demandent mon attention*. Une nouvelle fois, les autres ne sont que votre propre reflet. Vous connaissez certainement la parabole de la paille et de la poutre dans l'évangile de Jésus-Christ selon saint Matthieu : « « *Pourquoi vois-tu la paille qui est dans l'œil de ton frère, et n'aperçois-tu pas la poutre qui est dans ton œil ?* ». Alors, tout ce que vous voyez chez l'autre est un cadeau que l'Univers met en lumière pour vous.

EXERCICE PRATIQUE

Je vous invite à mettre en place un dialogue avec votre corps physique, mental et émotionnel. Le but ici est d'être sans tension, de les laisser s'exprimer sans que vous y apposiez de résistance. Votre corps physique a le droit d'avoir mal. Votre corps mental a le droit d'être tourmenté, de se plaindre ou encore de juger. Votre corps émotionnel a le droit d'être énervé, furieux, triste ou déprimé. On a tellement été conditionné à penser de façon binaire ou duelle que l'on refuse souvent de vivre le côté moins agréable. Pourtant, il n'y a pas de « mal » à se sentir mal ou à avoir des pensées discordantes. C'est juste une expérience et tant que vous irez à l'encontre de leur expression, elles s'intensifieront et s'exprimeront toujours plus pour que vous les entendiez. Votre mission à partir de maintenant est de faire preuve de compassion vis-à-vis de toute la noirceur, de toutes les émotions désagréables, de tous les démons, qui peuvent surgir et s'exprimer à travers vous. Voici des phrases que vous pouvez utiliser :

› *« Cher corps physique, j'entends maintenant ta souffrance et je regrette de ne pas avoir su mieux t'écouter. Je te promets de faire de mon mieux pour t'écouter toujours plus et respecter tes besoins. Je te prie de bien vouloir t'exprimer librement afin que je puisse t'entendre et me réhabituer à être en harmonie avec toi. »*

› *« Cher corps mental, j'entends tout ce que tu as à me dire et je comprends que tu as à cœur de t'exprimer. Ces pensées de frustration et de ressentiment que tu as sont justifiées et merci de les exprimer. A présent, je te remercie de ce que tu fais pour moi et t'invite à cultiver des pensées agréables qui me permettront de grandir et de construire avec mon environnement, avec les autres et mes circonstances de vie. »*

› *« Cher corps émotionnel, que de tristesse et de colère je perçois à travers toi. Je t'accueillie pleinement et sache que je suis à ton écoute. Je sais que je te fuis souvent car je te crains mais je t'aime profondément et te remercie de tout mon cœur de t'exprimer avec autant de passion. Je suis avec toi et suis fier de ressentir ce que tu me confies en cette expérience terrestre. Je t'accueille pleinement et fais de mon mieux pour te respecter dans tes besoins. »*

Vous pouvez dire ces phrases en les modifiant à votre convenance chaque jour de façon à garder le lien avec ce qui est présent en vous.

A présent, chaque fois qu'une douleur ou qu'une émotion désagréable se manifeste, vous pouvez entrer en contact avec elle directement par ce genre de dialogue en laissant émerger en vous la réponse, qu'elle soit en mots, en sons, en vibrations ou autres sensations :

- *Qui es-tu ? Pourquoi es-tu là ? Pourquoi agis-tu de la sorte ?*
- *Qu'as-tu à me dire ? Qu'est-ce que j'ai le plus besoin de comprendre ? De quoi as-tu besoin ? Qu'es-tu venue chercher ?*
- *Peux-tu m'aider ? Est-ce que je peux t'aider ?*

Je précise que cela peut être une douleur, une émotion, une pensée désagréable. En personnifiant ces éléments et en leur parlant comme à un être extérieur à vous-même, vous vous en détachez naturellement et vous vous permettez de recevoir les précieux messages qu'ils vous délivrent. Ne passez pas à côté de ces trésors qui permettent une libération instantanée en vous plaçant naturellement en observateur et créateur.

3 – 2 – 1 – TRANSFORMEZ !

Voici un exercice pratique inspiré de Ken Wilber, à faire chaque fois qu'une situation désagréable se présente ou qu'une personne vous dérange. Cela peut réveiller la peur, la colère, l'incompréhension, l'envie d'exploser ou encore de se cacher dans un trou de souris. Pourtant, c'est en faisant face à cette émotion et en comprenant son origine que vous vous en libèrerez naturellement. Vous reprenez ainsi votre responsabilité et votre pouvoir créateur en main. Reprendre sa responsabilité, c'est aussi saisir que tous les jugements que vous allez projeter sur l'extérieur comme « *cette personne est violente, arrogante, vicieuse* », ou tout autre jugement de valeur, est souvent une projection de votre ombre. Tout ce que vous critiquez ou pointez du doigt est un immense révélateur. Rappelez-vous, tout est Un. Alors ce que vous pointez chez l'autre, vous le pointez chez vous-même. Ce qui est intéressant, c'est que lorsque vous faites face à ce genre de situations, vous avez inconsciemment mis en place des comportements qui vous permettent de fuir et de ne pas intégrer l'émotion. Comme toujours, la conscience est primordiale. Voici l'exercice en trois temps.

3e personne : Imaginez en premier lieu que vous parlez dans le dos de la personne en question et dites tout ce que vous lui reprochez ou tout ce que vous ressentez à son sujet. Allez-y pleinement, balancez tout ce que vous avez, qui vous ronge l'intérieur ou vous met hors de vous. N'hésitez pas à utiliser des mots violents ou tout ce qui vient naturellement. Ne modérez pas vos propos ou votre émotion car l'objectif est de vivre tout cela pleinement.

2e personne : A présent, imaginez que vous êtes en face d'elle et que vous lui parlez directement. Utilisez le pronom « *tu* » pour lui balancer à la figure tout ce qui vous vient. « *Tu es vraiment un gros **** ! Pourquoi tu es comme ça, tu te crois malin, tu sers à rien, tu es une plaie, le monde serait mieux sans toi, etc.* »

1ere personne : Enfin, utilisez le pronom « *je* » avec les mêmes éléments en intégrant que vous êtes exactement pareil. Puisque cela fait écho en vous et que cela fait ressortir tous ces éléments, c'est que ce sont des parts non exprimées en vous. Donc vous avez en vous ce que vous voyez chez l'autre mais refusez de le voir ou de l'admettre et l'assumer. Cela peut aussi faire référence au fait que vous manquez de ce que vous reprochez à l'autre alors que vous aimeriez l'avoir. Vous pouvez qualifier une personne de présomptueuse ce qui reflète le fait que vous manquez de confiance en vous. La personne peut n'être présomptueuse que dans votre perception juste parce qu'elle incarne un idéal pour vous. L'important n'est pas de comprendre pourquoi l'autre agit comme il le fait mais bien de cerner votre réaction car l'autre vous renvoie seulement ce que vous vibrez en lui permettant d'exister. Cela fera souvent aussi référence à ce que vous ne vous donnez pas à vous-même. L'indifférence des autres peut être un reflet du manque d'attention que vous avez envers vous-même. Si vous ne vous aimez pas en premier lieu, les autres auront bien des difficultés à vous aimer également. Dans cette dernière phase, vous devenez maître de vous-même tout en osant vous exprimer librement et dans une intégrité totale, ce qui vous permettra d'envoyer des indications claires à l'Univers.

Prenons un exemple simple. Une personne à votre travail prend trop de place, en fait toujours trop et ça vous énerve. Vous pouvez le juger de toutes les façons possibles. Ce que cela peut révéler, c'est que vous n'osez pas prendre votre place ou imposer vos limites. Ainsi, l'autre vous prend votre espace personnel pour vous révéler ce manque d'assurance. En mettant en lumière cela en vous, vous pouvez avoir une profonde gratitude pour la Vie et les êtres qui jouent ces rôles vous permettant de mettre la lumière sur votre ombre et ainsi pouvoir vous libérer. Le fondement de cet exercice est toujours d'avoir en tête que vous ne pouvez pas changer les autres et que vous vous casserez les dents à cette tâche si vous essayez de le faire. Tout ce que vous voyez à l'extérieur, que ce soit à l'échelle de votre vie ou à l'échelle de notre société, est en vous-même. Nous sommes Un et nous cocréons notre réalité à chaque instant. En étant vraiment centré sur votre propre guérison, vous permettez à la Vie de s'exprimer davantage à travers vous, à rayonner davantage de Lumière et à permettre à tout ce qui vous entoure d'en bénéficier.

Je me permets de rajouter un point important. Je ne peux donner tous les exemples qui existent mais si vous arrivez à la conclusion de cet exercice avec « *Je ne sers à rien, je suis une plaie et le monde serait mieux sans moi* », n'en faites pas tout un plat. Cela montre simplement que vous n'assumez pas pleinement votre incarnation. En restant présent avec les sensations que cela crée en vous, vous avez l'opportunité de plonger dans ce vide. Cela peut faire remonter à vous l'origine de ces troubles, comme dans la vie intra-utérine par exemple. A travers mon expérience, je suis aujourd'hui convaincu qu'il n'est pas nécessaire de revenir dans le passé pour vous libérer si vous vivez pleinement l'instant en accueillant la souffrance et le vide maintenant. C'est ainsi que vous pouvez connaître la complétude en intégrant votre Toute-Puissance, c'est-à-dire en embrassant cette énergie du vide pleine d'Amour.

EXERCICE PRATIQUE

Vous pouvez passer à l'action dès à présent en notant une situation ou une personne qui crée une émotion désagréable pour vous. Ensuite, prenez conscience que cette situation n'existe qu'en tant que miroir de vous-même. Critiquez ouvertement cette situation ou cette personne et inversez ensuite le miroir. Voyez-vous dans le reflet. Comprenez et intégrez que ce que vous critiquez est ce dont vous manquez ou ce qui est blessé et non intégré en vous-même. Par exemple, vous êtes cambriolé, ça vous met hors de vous qu'il puisse exister des voleurs, et cela vous met face au fait que vous volez vous-même dans d'autres domaines, ou alors que vous cherchez des situations pour être une victime, vous plaindre, être consolé, etc. C'est le triangle dont je parle dans la loi d'Unité dans mon livre sur les lois universelles. Portez alors votre attention et votre amour à ce que vous avez identifié afin de vous en libérer. Ce processus peut avoir à être fait plusieurs fois sur la même situation pour vous en délivrer tous les bénéfices. C'est une arme de lumière merveilleuse pour la Libération de chacun d'entre nous. Cet exercice est à faire ponctuellement et représente un outil parmi les plus puissants que vous pouvez utiliser dans votre quotidien. Il vous amène au non-jugement et à la responsabilisation.

LES 10 QUESTIONS MAGIQUES

Les questions que je m'apprête à vous poser maintenant peuvent littéralement transformer votre vie. Je vous invite vivement à vous poser et à répondre à chacune pendant quelques minutes. Cela vous permettra de mettre de la lumière sur vos zones d'ombre et ainsi de pouvoir y faire face. Vous ne pouvez faire face à ce que vous ne voyez pas ou n'avez même pas conscience de l'existence. Vous allez ici explorer des parties de vous-même qui méritent toute votre attention dès à présent.

DE QUI OU DE QUOI AI-JE PEUR ? QUI OU QU'EST-CE QUI M'ANGOISSE ? QU'EST-CE QUI ME MET MAL A L'AISE ? DE QUOI AI-JE LE PLUS HONTE ? QUI OU QU'EST-CE QUE JE FUIS DANS MA VIE ?

Il y a de grandes chances pour que vous fuyiez ces situations-là. On n'aime pas avoir peur, ni être mal à l'aise face à d'autres par exemple. Personnellement, j'ai longtemps souffert d'un grand manque de confiance en moi, ce qui me faisait devenir rouge avec des sueurs incontrôlables dès que l'attention était sur moi en groupe. C'est seulement le jour où j'ai vu ces situations comme de véritables cadeaux et que j'ai compris que c'était pour moi une opportunité unique d'explorer ma part d'ombre, que ces situations ont pu s'arrêter pour laisser place à la paix. En réalité, je ne m'autorisais pas à être en lumière et le simple fait de l'admettre et de vivre ces émotions différemment ont mis fin au problème. C'était aussi le fait d'associer le fait de rougir à quelque chose d'anormal. Or, je peux m'amuser à être rouge de honte. C'est une expérience parmi tant d'autres qui peut être tout aussi jouissive que l'enthousiasme le plus pur ! Tout au long de mon chemin, j'ai pu mettre en lumière de nombreuses situations ou personnes que je fuyais par peur de m'exprimer. Cela pouvait être de petites choses comme faire des vidéos dans mon jardin et baisser la voix dès que je voyais une personne pour ne pas déranger et qu'elle ne m'entende pas raconter mon blabla spirituel. Cela s'est produit aussi face à certaines personnes que je voyais plus fortes ou puissantes que moi et en face desquelles je n'osais pas m'affirmer ou dire ce que je ressentais. J'ai été mis face à la peur d'exprimer mes émotions. Plus récemment, ça a été la peur de ne pas être aimé ce qui me poussait à me sacrifier pour les autres sous l'étiquette de la bienveillance… l'égo spirituel dans toute sa splendide finesse. Faites preuve de conscience dans tous les domaines de votre vie pour vous rendre compte de tout ce que vous fuyez par peur ou par honte. On croit parfois agir par Amour alors que c'est en fait par peur de ne pas être aimé. Soyez vigilant sur le chemin !

QUI OU QU'EST-CE QUI M'ENERVE ?

Carl Jung a dit que *tout ce qui nous irrite chez les autres peut nous mener à une meilleure compréhension de nous-mêmes*. On peut voir chez les autres de nombreux reflets de soi. On peut ne pas supporter la violence, l'égoïsme, le racisme ou encore l'infidélité. Quand on ne supporte pas quelque chose, c'est que celle-ci n'est pas intégré en nous-même. *Cela signifie que si je ne supporte pas la violence, il y a de la violence non-*

exprimée en moi. Puisque je m'interdis de la vivre sous le couvert de valeurs ou de respect de règles, alors elle se manifeste de nombreuses façons dans mon monde extérieur. Ainsi, je vois la violence dans différents scénarios de ma vie, ce qui me ramène toujours à ma propre violence que je ne m'autorise pas à vivre. Certaines personnes choisissent de l'exprimer sous une face acceptable par la société comme lors de manifestations contre les abattoirs. J'ai connu des personnes exprimant toute leur haine dans ces manifestations, et qui n'était qu'un reflet de la leur. De la même façon, vous pouvez ne pas accepter les critiques qui vous sont faites. Si on vous fait une critique qui n'a pas de sens pour vous, vous n'allez pas y accorder d'importance. Si au contraire, elle touche un point sensible, alors vous risquez de vous emporter. Ce sont là les plus grands cadeaux et nous attirons précisément les critiques dont on a besoin pour révéler ces parts sombres de nous-mêmes. Demandez-vous alors quelles sont les critiques les plus difficiles à recevoir pour vous. Rappelez-vous la dernière fois que vous en avez voulu à quelqu'un pour ce qu'il vous a dit. Ayez conscience que c'est seulement un reflet de vous-même et que vous pouvez remercier cette personne de servir de messager en jouant ce rôle ingrat. Me concernant, je suis souvent exposé à la critique puisque ce que je dis est hors des sentiers battus la plupart du temps. Des défenseurs du développement personnel viennent essayer de me prouver par A + B qu'ils ont raison et je me suis vu blessé par cela car ils essayaient de me diminuer en me ridiculisant. Je sais que lorsque cela m'a impacté, c'était toujours parce que je créais l'espace pour cela et que je n'étais pas dans ma pleine Puissance. Cela réveillait alors la colère que j'avais envers moi-même car je n'étais pas dans ma Puissance, synonyme de ne pas être en alignement avec mon âme. Cela peut encore arriver et c'est toujours pour moi un merveilleux cadeau pour me recentrer et me réaligner dans mon Essence.

QU'EST-CE QUE JE JUGE DANS MA VIE OU CHEZ LES AUTRES ?

Chaque jugement que vous portez envers quelqu'un ou sur une situation révèle une part de votre ombre. Demandez-vous quels jugements vous avez portés récemment dans une conversation ou encore dans un commentaire que vous avez posté sur internet. Une nouvelle fois, on voit toujours mieux la brindille dans l'œil du voisin que la poutre que l'on a dans le sien. Ce qui est merveilleux est que cette brindille est le reflet de la poutre. Ainsi, chaque brindille perçue peut mettre en lumière une poutre. Plus vous serez conscient de tout ce que vous jugez dans la vie, dans la société, et chez les autres, plus vous serez conscient de votre propre ombre. Cela demande bien du courage de s'y confronter par la suite et de prendre toute sa responsabilité dans ce processus. Vous pouvez aisément comprendre que toutes les brindilles que vous voyez vous appartiennent car tous ne les voient pas. C'est donc bien que ce sont des reflets de vos poutres. Si vous jugez quelque chose ou quelqu'un alors que d'autres n'y voient pas d'inconvénient, c'est que ce problème que vous percevez est le vôtre. Vous pouvez blesser l'autre en lui en faisant part mais cela importe peu. Vous lui faites le cadeau de révéler une part de lui-même qui est dans l'ombre également.

Toutefois, l'objectif n'est pas de révéler ce qu'il y a chez l'autre mais bien de nettoyer votre propre terrain avant de donner des leçons aux autres.

QUELLE IMAGE POSITIVE EST-CE QUE JE VEUX QUE LES AUTRES VOIENT DE MOI ? QUELS SONT MES FANTASMES ? QU'EST-CE QUE J'AIMERAIS VOIR RECONNU PAR LES AUTRES (EGO SOCIAL) ? ET QUELLES PARTIES DE MOI AI-JE MIS AU PLACARD POUR CETTE RECONNAISSANCE ? ENFIN, QUELS SUJETS DE DISCUSSIONS OU TABOUS AI-JE TENDANCE A EVITER DANS LES CONVERSATIONS ?

Il y a certains désirs non exprimés que l'on souhaite à tout prix vivre. En réalité, ce sont des leurres. On pense vouloir les vivre pour assouvir un besoin qui est en réalité l'inverse. Afin de connaître notre part d'ombre liée à nos fantasmes, il nous faut prendre l'inverse. L'exercice que je vous propose ici est de prendre les 3 qualités que vous souhaiteriez que les autres associent à votre nom comme : « *J'aimerais que l'on dise de moi que je suis...* ». Et prenez à présent les opposés de ces compliments et voyez comment vous vous sentez. Par exemple : « *J'aimerais que l'on dise de moi que je suis drôle.* ». Imaginez qu'on vous dise que *vous n'êtes pas drôle* ou pire qu'*avec vous, on se fait ch***.* Comment réagiriez-vous ? Seriez-vous en colère ou triste ? C'est simplement une part de vous que vous n'exprimez pas. L'objectif est donc de prendre conscience que vous n'êtes pas drôle dans le rôle que vous jouez et que c'est complètement ok. Autorisez-vous à ne pas être drôle ni intéressant. Vous avez le droit. C'est uniquement lorsque vous vous autoriserez à vivre pleinement cette polarité et à ne pas accorder d'importance au fait de faire rire ou d'être intéressant, que vous pourrez l'intégrer et devenir naturellement beaucoup plus drôle et intéressant. C'est aussi en apportant de la légèreté à ce que vous désirez en riant de vous-même de votre incapacité à faire rire. Si vous ne pouvez rire de vous-même et de quoi que ce soit, alors vous ne pouvez transmettre ce rire comme vous le désirez vraiment. Voyez comme vous pouvez approfondir chaque sujet. Vous voulez peut-être paraître beau, musclé, mince, cultivé, de confiance, etc. Enfin, ce sont aussi les sujets tabous pour vous ou dans votre famille. Vous êtes peut-être mal à l'aise sur certains sujets. L'argent et les émotions sont généralement les plus grands sujets tabous mais il y en a plein d'autres. Vous évitez certainement certains sujets de conversation qui fâchent, qui vous ennuient, qui vous énervent ou vous rendent tristes. Amusez-vous à être en observation quotidienne de tous les moments où vous êtes mal à l'aise parce qu'une croyance ou un sujet précis vous limite dans votre propre expression. Chaque occasion est bonne pour entrer en contact avec votre ombre et la libérer. Reprenez les questions de cette partie pour mettre en lumière votre égo social et dévoiler tout ce que vous vous cachez à vous-même.

QUELLES SONT MES RESISTANCES DANS LES OBJECTIFS QUE JE POURSUIS ?

Ce à quoi je résiste persiste ! Il arrive régulièrement que des personnes aient du mal à se mettre au travail, n'arrivent pas à suivre un régime alimentaire qui leur convienne, ou encore à faire du sport pour atteindre leur poids idéal. Alors qu'est-ce que vous aimeriez faire mais que vous ne faites pas ? Ceci est la première partie de l'équation : voir le déclencheur. Ensuite, plongez au cœur du scénario où vous vous mettez en action. Par exemple, je suis un régime et je meurs d'envie de manger cette part de gâteau. Si je m'empêche de le manger, je crée un stress physique et émotionnel éprouvant. Si je me l'autorise, c'est un stress mental principalement qui se crée, suivi certainement par de l'autojugement. Il n'y a pas donc pas de bonne solution. Vous avez trois voies d'exploration ici. Premièrement, Voyez-vous en train de **craquer virtuellement** et plongez au cœur des émotions que cela suscite. Il y a certainement du plaisir et du soulagement mais aussi de la culpabilité. Explorez ces différentes facettes et autorisez-les à s'exprimer. Ensuite, la **voie de la résistance** et au lieu de rester en résistance, autorisez votre corps émotionnel à prendre toute la place. Observez ce que cette résistance représente pour lui. Entrez également en contact avec votre corps pour voir les tensions présentes dans cette expérience. Explorez tout ce qui s'exprime en vous dans vos différents corps. Le dernier scénario est le fait de **craquer physiquement** qui est le moins pertinent généralement car synonyme de fuite. Dans le cas d'un craquage alimentaire, l'estomac est alors occupé à digérer un aliment plutôt que vos émotions. Mais tout est OK. Vous avez droit de vivre chacune de ces expériences. Explorez le fait de craquer en conscience en prenant un plaisir immense. Quitte à craquer, autant le faire dans la Joie ! A travers toute cette exploration, je vous ramène au dialogue que vous pouvez instaurer avec vos trois corps. Vous pouvez tous les contenter en étant à leur écoute quoi qu'il arrive et en les laissant s'exprimer. Vos résistances sont des immenses cadeaux car elles vous permettent d'identifier vos stratégies de fuite. Vous pouvez ainsi justifier pourquoi vous ne faites pas ce que vous sentez que vous devriez faire. Tout ceci vous permet aussi de vous recentrer sur vos priorités. Ma priorité numéro une alors que j'écris ces lignes est d'avancer chaque jour sur l'écriture de ce livre. Si un jour je ne le fais pas, je me pose alors la question de savoir ce qui m'a empêché de le faire. Rien ne peut m'empêcher de le faire. Je peux avoir une journée hyper chargée, je peux m'organiser pour au moins écrire une ligne. A moins d'avoir une grande urgence qui demande toute mon attention et mon temps, je n'ai pas d'excuse autre que celles que mon égo voudra bien me donner. De plus, une urgence n'existe que parce que je crée un espace énergétique pour cela et j'en ai donc la pleine responsabilité. Ce genre d'engagement est excellent, et en même temps, je ne vais pas forcer les choses si ce n'est vraiment pas le moment. Je me respecte et accueille ce qui est présent sans jugement. Une nouvelle fois, soyez vigilant, c'est une grande clé de la Libération. Votre Energie Originelle ne peut s'exprimer inconditionnellement que si vous déblayez le chemin. Voici quelques phrases d'inspiration. *Ce à quoi je résiste persiste. Ce que je fuis me poursuit. Ce que je réprime s'imprime. Ce à quoi je fais face s'efface. Ce qui émane de vous vous revient à tous les coups.*

AVEC QUI ET QUAND EST-CE QUE JE ME SENS INFERIEUR, FAIBLE, OU QUE JE MANQUE DE CONFIANCE EN MOI-MEME ?

Voilà un point que je me fais une Joie d'aborder car la révélation de ma Puissance est tout mon chemin. J'ai commencé dans ma vie très faible, très apeuré et plein de maladies bizarres. Mais j'ai toujours été soutenu par des personnes fortes qui m'impressionnaient, à commencer par mon père. Puis j'ai côtoyé différentes personnes, souvent des femmes, très puissantes avec lesquelles je n'arrivais pas à m'affirmer. Ce n'est qu'en avançant dans ma propre expression que j'ai vu le cadeau que toutes ces personnes m'offraient. Elles étaient un miroir de ma propre puissance non exprimée et qui me faisait souffrir. En fonction de votre Vibration Originelle, des personnes sont mises sur votre chemin vous montrant l'expression véritable de cette énergie et aussi des personnes qui en manquent cruellement. Ainsi, ces personnes vous touchent au cœur de votre être et servent de miroir à ce qui n'est pas encore accompli en vous-même. Vous vous sentez généralement faible face à ces personnes et pouvez même vous en vouloir de ne pas arriver à vous exprimer. Cela peut s'illustrer en amour avec tout ce que vous aimeriez dire à une personne sans oser le faire. Cela peut être au travail où vous avez juste envie de démolir la personne avec qui vous faites des affaires car elle ne comprend pas ce que vous voulez dire ou faire. Cela peut être de rencontrer des artistes pleinement épanouis qui vous mettent face à votre désir de réussir artistiquement sans vous l'autoriser. Tous les cas sont ouverts et permettent de mettre en lumière tout ce qui a besoin d'être libéré en vous. Les résistances se manifestent avec subtilité un peu partout dans votre vie. C'est à la fois votre perfectionnisme, votre insatisfaction, vos idéaux, vos valeurs personnelles, etc. On s'oblige pour des raisons X ou Y à être, faire et posséder ce que notre environnement attend de nous. Mais il n'attend rien en réalité. Nous créons cette attente de toute pièce. Ce sont nos résistances. Plus vous agirez en conscience dans votre vie, en étant présent à pourquoi vous faites les choses ou ne les faites pas, plus vous pourrez mettre en lumière ces résistances qui ne demandent qu'à être explosées !

QU'EST-CE QUE JE NE SOUHAITE PAS MONTRER AUX AUTRES OU QU'EST-CE QUE JE NE SUPPORTE PAS LEUR MONTRER ? QU'EST-CE QUE JE NE VEUX PAS QUE LES AUTRES SACHENT DE MOI ?

Voilà une question qui mériterait des heures, des jours, voire des mois d'attention. La société nous a tellement robotisé que l'on ne sait même plus que l'on agit comme des robots. Vous jouez certainement de nombreux rôles auxquels vous vous identifiez. Cela va être le mec sympa, la mère protectrice, le père autoritaire, la personne sur qui on peut compter, la personne spirituelle et bienveillante, etc. Vous vous attachez probablement à vos valeurs personnelles qui ne sont qu'une prison pour votre âme. Votre âme n'a besoin de rien pour s'exprimer, simplement d'être et de rayonner. Alors quels sont les rôles auxquelles vous vous identifiez ? Pouvez-vous sortir dans la rue en étant pleinement vous-même et habillé en tenue confortable plutôt que de devoir être élégant pour le monde ? Qu'est-ce que vous cherchez à tout prix à montrer ou à cacher aux autres ? Un des exercices les plus dingues que j'ai fait de ma vie a été de me mettre en face de mon coach et de faire l'exercice : « *Ce que je ne veux pas que tu saches de moi, c'est...* ». Et nous avons échangé à tour de rôle pendant 1h30. Je n'ai jamais dit autant de trucs cachés sur moi et ma vie que ce jour-là. Et quelle libération ! Il y a des choses que l'on s'interdit d'avouer et cela fait un bien immense de les dire. On se rend compte que l'autre peut comprendre et cela donne naissance à de franches rigolades ! Je me vois encore rire de ce que je pouvais dire ou entendre de lui sans jugement, simplement parce que c'était drôle ! C'était du genre « *t'es sérieux, tu es vraiment complexé par ça ?!* ». Et il n'y avait tellement pas de raison dans mon monde que c'était à mourir de rire. Ce rire est libérateur pour les 2 parties. Evidemment, on touche facilement à des sujets tabous. Ça se situe souvent en dessous de la ceinture ou sous la couette mais c'est clairement illimité dans les domaines. Je vous invite chaudement à faire cet exercice avec une personne qui vous est chère et qui ne sera pas là pour vous juger. Pour aller plus loin dans cette question, vous pouvez vous demander à quel point l'extérieur influe sur vous comme la mode, ce que l'on est censé faire en fonction des jours de la semaine (sortir le samedi soir par exemple), être obligé de vous rendre à certains événements (obligé par quoi, par qui, et de quoi avez-vous peur si vous n'y allez pas ?). Explorez tout cela, de grandes pépites vous attendent.

QUELLES CROYANCES ISSUES DE MON EDUCATION ET DE LA SOCIETE M'EMPECHENT VRAIMENT D'ETRE MOI-MEME ?

Toute croyance est une limitation, qu'elle soit positive ou négative dans votre perception. L'âme ne croit pas, elle Est. Seul le mental/égo a besoin de limites. Mais ces limites sont illusoires et ce sont les murs de votre propre prison. On parle beaucoup des croyances limitantes dans le développement personnel. Et certaines croyances peuvent ouvrir des perspectives. Mais la Liberté commence là où il n'y a plus de croyance car tout évolue en permanence, rien n'est jamais immuable si ce n'est l'impermanence de tout ce qui est. Je vous invite ici à un voyage quotidien en conscience de toutes les croyances qui vous limitent. J'en entends à la pelle chaque semaine dans tous les domaines. Elles paraissent toutes justifiées. Si une personne me dit qu'elle ne trouve pas de travail parce qu'elle ne parle pas bien français, elle a mille raisons d'argumenter cela. Mais ce sont seulement des interprétations mentales. Lorsque l'âme prend les commandes de votre vie, alors elle trouve des solutions là où votre mental n'en aurait jamais trouvé. L'Univers vous guide admirablement en vous proposant des scénarios que vous n'auriez jamais pu imaginer par vous-même et qui vous permettent d'obtenir ce que vous désirez. Peut-être pensez-vous que vous devez travailler dur pour gagner de l'argent. Mais il y a tellement de moyens pour gagner de l'argent et cela ne dépend pas de votre quantité de travail, à moins que vous croyiez que ce soit le cas. Alors la vie vous donne raison. Si vous vous ouvrez à ce que vous ne savez pas, alors vous pouvez obtenir des solutions auxquelles vous n'auriez jamais songé. Personnellement, je gagne plus d'argent maintenant alors que j'en fais moins. Et surtout je pourrais arrêter totalement de faire quoi que ce soit et continuer à gagner de l'argent automatiquement grâce à l'inertie de ce que j'ai créé. Je parle d'inertie car la machine s'essouffle à partir du moment où l'on n'y met plus d'énergie. Peut-être pensez-vous que vous devez voter pour faire honneur à vos ancêtres qui se sont battus pour avoir ce droit. En réalité, on vous a raconté une histoire à laquelle vous croyez qui n'est certainement pas la vérité et vous agissez en conséquence. Vous avez peur du regard des autres ou de faire affront à la Vie si vous n'allez pas voter par exemple. Alors, ce que vous faites n'a aucune importance, c'est dans quelle intention vous faites chaque chose qui compte. Peut-être pensez-vous que vous devez payer vos impôts pour être un honnête citoyen. Mais savez-vous vraiment où va l'argent que vous payez ? Tout comme celui que vous pouvez donner aux associations qui vous déduisent des impôts ? On croit à des histoires que l'on nous raconte et on agit sans conscience, sans être informé, sans écouter son cœur. Peut-être pensez-vous que vous devez trouver votre moitié, vous marier, avoir des enfants et une belle maison, pour pouvoir dire que vous avez réussi votre vie. Mais le fait d'être en vie est déjà la plus grande des réussites. Le fait d'être en vie vous donne le droit d'être aimé inconditionnellement et de vivre dans l'Abondance. Qu'est-ce qui vous empêche de croire cela ? Quelles croyances vous limitent et vous privent de ce à quoi vous avez naturellement droit ? Quelles croyances vous empêchent de connaître votre Vibration Originelle et de rayonner votre Belle Lumière dans le monde ? Peut-être que dans votre famille, vous êtes conditionné à vous comporter d'une certaine façon. Je pourrais ainsi dire « Chez les Vallet, on est des winners, la réussite n'est pas une option, on réussit, point barre. ». Imaginez l'impact d'une telle croyance. Imaginez la pression. Peut-être subissez-vous une pression de ce genre de votre famille. Si vous voulez être artiste peintre dans une famille de médecins et d'avocats, ça peut coincer ! Ça peut aussi être que « Chez les Vallet, on est des bons vivants, on aime la bonne viande et la boisson coule à flot ! ». Si avec ça j'annonce que je suis végan, je vais me faire rouster ! Mais tout est toujours une expérience merveilleuse à vivre. Vous pouvez vous détacher de toute attache. Cela ne vous demande que de mettre de la lumière dans un premier temps, et ensuite de vous autoriser à vivre les émotions sous-jacentes qui ont besoin d'être libérées.

QUELS SCHEMAS DE VIE SE REPETENT DE FAÇON RECURRENTE DANS MA VIE ?

Nous nous sommes probablement tous posés ce genre de questions : « *Pourquoi ? Pourquoi moi ? Et pourquoi encore ?* ». Si l'Univers vous répondait, voici ce que serait sa réponse : « *Parce que je me tue à vouloir te faire comprendre que...* ». Or, il vous est impossible de capter ce message tant que vous subissez. Toute situation qui se répète est subie. Manque d'argent, relations amoureuses foireuses, problèmes de santé, blessures, etc. Tous ces « problèmes » ne sont que des messages qui deviennent toujours plus flagrants. L'Univers nous montre souvent que l'on doit lever le pied, ralentir le rythme. Ainsi, on peut se cogner le pied contre la porte, puis se faire une entorse, puis tomber dans les escaliers et être totalement immobilisé pendant plusieurs jours ou semaines. Mais cela peut être un pneu crevé sur la voiture, puis le moteur qui tombe en rade, puis le vol de ma voiture, etc. Tout est message. Et certains messages se répètent encore et encore. Je peux manquer d'argent, puis mon employeur me retire de l'argent de mon salaire, puis j'ai des amendes injustifiées, puis mes impôts augmentent sans aucune raison, puis on me vole mon porte-monnaie alors que je viens de retirer la moitié de mon compte en banque, etc. Dans ce cas, chaque situation vient réveiller une part de moi qui est en souffrance. Tant que je ne m'en occupe pas, la Vie fait en sorte de la mettre en lumière pour que j'y porte mon attention. Mais tant que mon regard et mon attention sont sur le monde extérieur, alors je subis. Lorsque je tourne mon regard à l'intérieur en sachant que je suis créateur de l'extérieur, alors je peux me permettre de changer les paramètres. Récemment, un ami me parlait régulièrement de la colère qu'il avait en lui. En tant qu'entraineur de tennis pour jeunes, chaque séance le mettait hors de lui car leur comportement n'était pas adéquat. Or, il ne s'autorisait pas à exprimer cette colère et elle le rongeait. Un jour, il me dit « *Aujourd'hui, je balance tout, j'en peux plus, il faut que ça sorte !* ». Il se rendit à l'entrainement et tout se passa à merveille. Il me dit alors qu'il n'avait pas pu s'exprimer car ça avait été super. Depuis ce jour, tout se passe très bien sans qu'il ait besoin d'élever la voix. *Pourquoi ? Comment est-ce possible ?* Me direz-vous. Parce qu'il est désormais au clair avec cette colère et qu'il ne cherche plus à la contrôler. Il est prêt à l'exprimer s'il le faut et elle est libre de circuler à travers lui. Ainsi la Vie n'a plus besoin de lui refléter cette part de lui qui était en souffrance puisqu'elle est désormais en paix.

QU'EST-CE QUI M'EMPECHE D'ETRE VRAIMENT MOI ?

Pour terminer cette série de questions, je reviens à une question très simple. *Qu'est-ce qui m'empêche d'être vraiment Moi à chaque instant* ? Vous pourriez répondre le regard des autres ou encore le manque d'argent. Mais allez au-delà de ces réponses simplistes. Qu'est-ce que le regard des autres ou le manque d'argent représente pour vous ? Qu'est-ce que vous cherchez à contrôler à tout prix, vous causant du tort et des soucis ? Chaque fois que nous vivons une situation difficile, ce n'est pas la situation qui est difficile mais notre façon d'interagir avec. Début 2018, j'ai organisé un stage en Thaïlande et je me suis retrouvé avec des problèmes administratifs m'empêchant de partir. Sachant que j'avais la responsabilité d'un groupe, j'ai vécu une semaine terrible dans l'attente des papiers nécessaires pour partir. J'ai dû finalement prendre un nouveau vol dès que j'étais en règle et que j'ai pu partir. Cela m'a juste coûté de l'argent mais j'ai pu être en temps et en heure sur place. J'ai passé une semaine difficile émotionnellement. Les membres du groupe ne comprenaient pas que j'ai pu me mettre dans cette situation. Ils se victimisaient envers moi et je me sentais aussi victime de l'Univers qui semblait jouer avec moi. J'ai mis toute mon énergie et demandé beaucoup d'aide pour que tout se passe merveilleusement bien. Pourtant, tout ce qui se passait ne dépendait plus de moi. J'étais dans l'attente d'obtenir mes documents pour pouvoir partir. Quelle souffrance pour l'égo que de lâcher-prise sur des situations où d'autres personnes sont en jeu. J'étais tiraillé seulement parce que ce que mon égo voulait et ce que la Vie avait prévu pour moi étaient en décalage. C'est ce contrôle de l'égo qui pèse sur votre existence. Même quand on pense avoir toutes les cartes en main, le coup de bluff n'est pas loin. La Vie n'est là que pour servir l'âme et lui permettre de rayonner. Alors si l'égo fait trop cocorico, et que vous êtes prêt à vivre certaines expériences libératrices, la Vie vous les sert sur un plateau. *Ce sont les épreuves les plus difficiles qui sont les plus transformatrices. A quel point suis-je dans le contrôle dans ma vie ? Si les choses ne se passent pas comme j'avais prévu qu'elles se passent, comment est-ce que je me sens ? Comment je me sens si je suis complètement dépendant d'autres personnes ou que la seule chose que je puisse faire est d'attendre que quelque chose se passe ou que des personnes agissent* ? La vie devient vraiment magique lorsque vous vous autorisez à accueillir sans jugement tout ce qui vous est présenté. C'est aussi de mettre de l'Amour dans chaque action, dans chaque geste. Si vous dénigrez certaines activités comme gérer l'administratif, faire vos comptes ou autre, l'Univers va vous envoyer ces expériences amplifiées afin de les mettre en lumière et que vous puissiez vous apaiser. *Dieu/La Lumière/La Source est présent partout, en chaque chose et à chaque instant. Ce n'est pas parce que je ne le vois pas qu'il n'est pas présent. Plus je m'ouvrirai à l'Amour en chaque chose, plus j'en serai nourri et porté par de belles énergies*. Prenez conscience dès à présent de tout ce que vous faites, ou pensez, et qui vous empêchent d'être pleinement vous-même.

Voilà donc de quoi vous permettre d'être dans une attitude consciente et libératrice au quotidien. Ces 10 questions sont très puissantes. Vous pouvez y répondre maintenant mais aussi être dans cette conscience chaque jour de ce qui vous fait rentrer dans un rôle qui n'est pas vous et qui est source de souffrance.

10 APTITUDES A CULTIVER

Brené Brown dans son livre *le pouvoir de la vulnérabilité* donne ses consignes pour une vie Entière que je souhaite vous partager ici avec mes remarques personnelles.

› Cultiver l'authenticité ; abandonner ce que pensent les gens.

C'est clairement la règle numéro 1 : être vrai, être soi à chaque instant. Tendez vers cette perfection de votre propre expression à chaque instant.

› Cultiver l'auto-compassion ; abonner le perfectionnisme.

L'Amour de Soi est ce qu'il y a de plus précieux. Notre souffrance ne vient jamais des expériences que l'on vit mais de la façon dont on les vit. C'est parce que l'on se met soi-même des bâtons dans les roues, que l'on en veut à notre corps, à nos pensées ou à nos émotions de se manifester. Avec votre compassion envers tout ce que vous êtes, vous pouvez transformer votre existence pour le meilleur.

› Cultiver la résilience ; abandonner l'anesthésie et l'impuissance.

Tout est mouvement permanent dans la vie, rien n'est jamais figé. Toute expérience, toute pensée, toute émotion, est éphémère. Alors laissez œuvrer la vie pour faire passer les moments difficiles tout en gardant la foi que tout s'arrangera pour le mieux et que vous avez le pouvoir de manifester tout ce que vous désirez en votre cœur.

- Cultiver la gratitude la joie ; abandonner la rareté et la peur du malheur.

L'Abondance est partout en vous et autour de vous. Permettez-vous de la voir, de vous abreuver jusqu'à plus soif. Ainsi, votre vie sera abondante et l'Univers vous en donnera toujours davantage de preuves.

- Cultiver l'intuition et la confiance ; abandonner le besoin de certitude.

Tous les feux ne seront jamais au vert. Vous n'avez pas besoin de voir tout l'escalier pour commencer à monter. Ecoutez votre cœur et avancez avec Confiance car la Vie est là pour vous soutenir à chaque instant.

- Cultiver la créativité ; abandonner la comparaison.

Vous êtes un être unique qui a tout en lui pour exprimer le meilleur. Ne cherchez plus à copier ou à vous comparer. Votre unicité est ce qu'il y a de plus précieux. Cultivez-la et osez l'exprimer chaque jour un peu plus.

- Cultiver le jeu et le repos ; abandonner l'épuisement en tant que statut symbolique de la productivité comme valeur intrinsèque.

Vous n'avez pas à travailler. Vous n'avez pas à vous forcer. Tout peut être fluide. Cultivez l'amusement et le jeu. Plus vous vous amuserez dans votre vie, plus ce sera fluide. Vous n'avez rien à accomplir en particulier si ce n'est de prendre votre pied en cette expérience de vie !

› Cultiver le calme et la tranquillité ; abandonner l'épuisement en tant que style de vie.

Nous avons appris à nous agiter, à être dans l'action en permanence. A présent, revenir au calme et à la tranquillité est une nécessité. Vous pouvez construire de grandes choses mais prenez soin de vous et avancez au rythme que vous voulez. Rien ne presse mais ne vous tournez pas les pouces non plus. A mon sens, le plus important est la régularité. Mieux vaut 1h par jour que 7h une fois par semaine.

› Cultiver le sens de son travail ; abandonner les doutes et les « je suis censé(e) ».

Sentez-vous libre d'avancer dans ce qui vous enthousiasme. Rien ni personne ne vous oblige à faire quoi que ce soit sans votre consentement conscient ou inconscient. Décidez alors de donner votre énergie et tout ce que vous avez à ce qui fait du sens pour vous. Donnez un nouveau sens au mot travail et avancez avec Confiance.

› Cultiver le rire, le chant et la danse ; laisser tomber le détachement et la maîtrise continuelle de soi.

Le meilleur anti-stress est le rire, cultivez-le ! Cultivez le mouvement, l'expression des sens, l'expression du corps, sentez-vous vivre et vibrer ! Ainsi vous atteindrez naturellement un niveau de maîtrise magnifique.

INTENTIONS DE LIBERATION

Voici 6 intentions que vous pouvez émettre chaque jour ou lorsque vous en ressentez le besoin.

› « J'accepte et j'accueille mes émotions qui sont l'expression la plus pure de mes besoins les plus profonds et véritables. Je décide d'être pleinement libre de m'exprimer et d'exister en ce monde en toute intégrité et harmonie personnelle ».

› « D'une façon libre et saine, je laisse partir toutes mes émotions engrammées et qui ne servent plus mes intérêts. J'affirme qui Je Suis dans ma Toute-Puissance maintenant »

› « Je suis prêt à libérer toutes mes peurs et les luttes qui ont à voir avec le pouvoir et le contrôle. »

› « Je suis désormais libre d'être pleinement qui Je Suis en accord parfait avec mon âme et la Source, pour mon plus grand Bien et le plus grand Bien et tous. »

› « En ce jour, je suis prêt à me détacher de tout conditionnement, de toute croyance et de tout attachement qui n'est pas en alignement parfait avec ma Vibration Originelle. »

› « Je lâche désormais toute volonté de contrôle et me laisse guider merveilleusement par la Vie avec Douceur et Amour. »

POUR CLOTURER CETTE PARTIE

Prenez un temps à présent pour noter dans votre cahier tout ce qui vous a marqué, les questions qui vous ont le plus impacté, les exercices les plus pertinents pour vous, et les intentions sur lesquelles vous souhaitez focaliser votre attention.

Dites à voix haute toute prise de conscience que vous avez connu dans cette partie et toute chose qui apporte de la lumière dans votre esprit, concernant votre énergie originelle, votre ombre ou votre vie.

Je vous invite à un temps de Gratitude pour tout ce que vous avez découvert, pour ces prises de conscience, pour ce temps que vous vous accordez et pour la Vie qui vous guide si bien.

Enfin, ressentez que votre Lumière brille plus fort qu'auparavant et surtout que l'Ombre sert la Lumière. Tout est là pour vous aider à rayonner davantage. Permettez à l'Amour d'imprégner toujours plus vos cellules et d'étinceler à travers le prisme de votre âme.

- TROISIEME PARTIE - EXPRIMER SA VIBRATION ORIGINELLE NATURELLEMENT

« Je ne serais pas arrivée là si à 8 ans, je n'avais pas ressenti que la danse allait me sauver d'une timidité maladive. Ce fut une vraie révélation. L'accès soudain à une expression où tout était possible. Où je pourrais oser, rêver, laisser émerger une autre Pietra, et vivre collectivement des émotions, alors que dans la vie normale, ma timidité me paralysait et m'empêchait d'aller vers les autres enfants. Je voulais m'y jeter à corps perdu. »

Marie-Claude Pietragalla

MA VIBRATION ORIGINELLE EN ACTION

Toute votre vie est le reflet de votre vibration originelle en action. Oui bon, d'accord, pas toute votre vie. Mais toute votre vie est ponctuée par votre vibration originelle qui s'est mise en action. Bien sûr, votre mental/égo a mis en place de nombreuses stratégies de survie qui ont brouillé les signaux de votre âme. C'est pourquoi vous vous sentez peut-être un peu perdu ou que tout ne va pas aussi bien que vous le souhaiteriez. Toutefois, je vais vous proposer ici un exercice qui vous permet de voir que votre énergie originelle a toujours été là et a toujours été en action. Elle a réussi à s'exprimer par différents moyens, dans différentes activités, avec plus ou moins d'affirmation. Cela s'est fait par des activités, des comportements, des pratiques diverses, des rencontres, des passions, des traits de caractères, etc. Vous allez pouvoir mettre en lumière ici certains éléments qui peuvent faire émerger des mots ou des tendances de ce qu'est vraiment l'énergie de votre âme.

L'exercice peut paraître simple mais il est extraordinairement révélateur. Il s'agit de prendre 30 minutes et d'explorer toutes les passions que vous avez et que vous avez eues dans votre vie, ainsi que tous les événements marquants que vous avez vécus. Ensuite, vous allez pouvoir explorer dans chacun des éléments notés les points communs. Je vous invite à le faire maintenant ou à choisir un temps de 30 minutes pour le faire prochainement. Je vais vous livrer ce que j'ai noté la première fois que j'ai fait cet exercice. J'ai eu 6 points différents

1. La compétition.

J'ai fait de nombreux sports en compétition plus jeune et j'adorais ça, notamment en natation, au tennis de table et dans un jeu vidéo de course automobile. L'événement marquant de vie est lorsque je suis devenu champion du monde sur ce dernier. La compétition était pour moi la seule possibilité de me transcender, de me dépasser, de donner le meilleur que je puisse donner car le contexte s'y prêtait. Il arrivait un moment où j'entrais dans la « zone », cet état de « flow » où tout semble être au ralenti. Tout l'extérieur s'efface, tout devient plus lent et facile. C'est dans ces moments que je devenais intouchable. La compétition a été dans un premier temps par rapport aux autres pour prouver aux autres que j'existais, puis par rapport à moi-même pour me prouver ma grandeur.

2. Les maths

Réponse inattendue même pour moi ! Je me revois sur mon lit résoudre des équations difficiles et j'adorais ça ! C'était l'enthousiasme de chercher une solution que je savais pouvoir trouver alors que c'était difficile. Cela fait écho avec les compétitions où je cherchais à jouer à mon meilleur niveau face aux meilleurs joueurs du monde. C'était extrêmement difficile et en même temps je savais en être capable et c'était galvanisant. Aujourd'hui, je retrouve cela dans mes coachings où je m'occupe de cas spéciaux que peu pourraient comprendre. Par exemple, une personne vient me voir en surpoids alors qu'elle est en incapacité physique de manger quoi que ce soit. Elle ne mange donc plus depuis des années tout en étant en surpoids. Je ne vous dis pas le cadeau quand on m'apporte ça. Et c'est un bonheur sans limite que de dénouer ce nœud plein d'incohérences sur le plan physique !

3. La connexion au Soi

Ceci est absolument magique, c'est ce que je vous présente dans ce livre sous la forme de la connexion à la Source. C'est pour moi la possibilité de toucher à ce sentiment de Grandeur incroyable où chaque chose est en lien et uni. C'est ce ressenti d'Unité avec ce qui m'entoure. Et c'est aussi la Foi, la Certitude d'être soutenu à chaque instant quoi qu'il arrive.

4. Les capacités extrasensorielles

J'adore ressentir les énergies autour de moi et leur en donner davantage, que ce soit des lieux, des objets, des personnes, des plantes, des êtres non physiques, etc. C'est aussi le fait de recevoir des messages par téléchargement d'informations ou reconnexion à ma Connaissance Cellulaire par le biais d'images, de ressentis, de données en masse. Enfin, c'est la capacité à communiquer avec les arbres, les animaux, les objets ou encore avec la nourriture.

5. Les conférences & coachings

Lorsque je suis dans mon alignement, dans une discussion endiablée ou un sujet qui me passionne, je ressens le feu en moi et une énergie absolument incroyable. Je connais ça dans mes conférences, dans des coachings ou des discussions aléatoires. Pas plus tard qu'aujourd'hui au moment où j'écris ces lignes, j'ai échangé avec un témoin de Jéhovah et ce fut un moment incroyable ! 10 minutes de passion dans un échange où nos idées pouvaient diverger tout en étant dans une ouverture merveilleuse. J'aime profondément ressentir cet enthousiasme, cette passion, le fait d'être traversé par l'énergie de mon âme qui s'exprime librement à travers moi.

6. La connexion à la Nature

Je passe chaque jour du temps pieds nus dans l'herbe pour faire mes exercices corporels. Rares sont les exceptions. Qu'il pleuve, qu'il neige, qu'il fasse -5°C (et Dieu sait que plus il fait chaud mieux je me porte), j'y vais ! Lorsqu'il y a le soleil en plus sur ma peau, qui baigne mes yeux et mon visage, quel bonheur ! Et alors si j'ai le bonheur de pouvoir nager dans la mer, c'est la cerise sur le gâteau. Cette connexion me fait sentir vivant, magnifique, grand, puissant.

Voilà ce qui est ressorti la première fois. Et j'ai pu me reconnecter au seul mot qui fasse vraiment du sens pour moi. J'ai utilisé plusieurs fois le mot grandeur ici mais c'est davantage le mot PUISSANCE que je souhaite mettre en avant. Non la puissance égotique comme on en a l'habitude et c'est pourquoi ce mot est souvent mal perçu, mais bien une puissance divine, la puissance de l'âme en action que rien n'arrête. C'est une puissance au service de la Vie et des autres. Les compétitions étaient pour moi la possibilité d'être puissant et d'entrer en état de flow où mon âme devenait maître, où elle était aux commandes. Ainsi j'ai pu atteindre le sommet de la puissance sur ce plan physique qui est d'être champion du monde, qu'importe le domaine. Ensuite, j'ai associé la notion de difficulté à la notion de plaisir à travers les maths et les coachings difficiles par exemple. Cette notion de difficulté éveille mon âme dans sa Puissance. J'aime aussi quand les choses sont fluides bien sûr et difficulté peut rimer avec fluidité évidemment. Je suis devenu champion du monde plutôt facilement dans cet état de flow alors que sur le papier j'étais très loin d'être favori et que je n'étais normalement pas qualifié pour la compétition jusqu'à ce qu'elle commence. Ensuite, tout ce qui me fait entrer en Unité, en communion avec les autres et le monde qui m'entoure me fait me sentir puissant. Ma vibration Originelle est de l'ordre de cette Puissance que j'éveille naturellement en chaque personne qui me côtoie de près ou de loin. Je n'ai rien à faire pour cela. Elle se manifeste quoi que je fasse.

Une fois que vous avez fait cet exercice et déterminé un ou plusieurs points communs à toutes vos passions et événements marquants, vous allez faire un exercice absolument magique. C'est celui d'observer les comportements que vous avez dans les différents domaines de votre vie afin de voir si vous êtes en alignement avec votre vibration originelle ou non. Ainsi, je me suis rendu compte que je me diminuais régulièrement dans différents domaines, notamment par rapport à l'argent ou au regard des autres. Par exemple, je pouvais être au restaurant, me sentir appelé par un plat, et me dire « ha ouai mais 35€ je n'avais pas prévu de mettre ce prix-là, je vais plutôt prendre autre chose ». Mais au fond de moi, cette autre chose n'est pas ce que je veux. Si je souhaite être dans mon alignement et donc dans ma Puissance, je n'ai pas à avoir peur de dépenser plus que ce que mon égo veut bien dépenser. Je le fais. Le monde physique est l'Abondance incarnée quand on est aligné. De plus, j'envoie le message à l'Univers que je VAUX ce plat à 35€ et donc il me donne tout ce dont j'ai besoin pour augmenter ma valeur perçue dans le monde physique en me donnant davantage d'argent. Ensuite, j'étais toujours le premier à me sacrifier lorsqu'il y avait un partage à faire ou de chambres à se répartir en voyage. Je le faisais sous un couvert de bienveillance mais je me suis rendu compte que c'était par peur de ne pas être aimé. Je préférais me sacrifier pour que les autres ne m'en veuillent pas de prendre le meilleur choix à mes yeux. Or, c'est l'égo qui prend la place de l'âme une nouvelle fois. Mon âme peut dire qu'elle préfère telle chose et on en discute avec d'autres si on est plusieurs. Mais si je me diminue d'entrée, ça ne peut pas fonctionner. Comprenez bien ici que lorsque vous êtes en alignement avec votre âme, toute notre éducation bien-pensante pour ne pas dire chrétienne, n'a plus aucun sens ! On se fout de toutes ces considérations mentales. L'âme EST. L'âme VIT. Elle ne réfléchit pas. Elle s'exprime pleinement et sans compromis.

A PRESENT, A VOUS DE JOUER !

Prenez maintenant ou prévoyez une plage de temps pour faire ces exercices qui peuvent transformer votre vie.

1. Ecrivez toutes les passions que vous avez eues et celles que vous avez encore, ainsi que tous les événements marquants de votre existence. Regroupez-les par grandes thématiques comme dans mon exemple.

2. Isolez un facteur commun à tous ces éléments. Cela peut vous demander du temps, voire d'y revenir plus tard avec un œil nouveau. N'hésitez pas à partager avec d'autres personnes, ou encore me solliciter pour avoir un regard extérieur.

3. Méditez sur vos comportements quotidiens et dans les différents domaines afin déterminer à quel point vos comportements sont incohérents par rapport à votre énergie originelle. Déterminez également ce que vous êtes prêt à changer maintenant et ce que vous n'êtes pas prêt à changer. Respectez-vous pleinement dans ces décisions. Vous n'avez rien à atteindre, ne forcez pas les choses, faites de votre mieux et apportez ces changements et réalignements en douceur.

UN POINT SUR MA VIE ACTUELLE

Voici à présent toute une série d'exercices et de questions plus ou moins magiques et plus ou moins inattendues qui vous permettront à chaque fois de débusquer les pépites au cœur de votre âme qui ne demandent qu'à germer, grandir et s'épanouir. Elles pourront ainsi briller pleinement et rayonner toute leur quintessence dans votre vie. Je vous invite à noter quelque chose dans votre cahier de notes pour chaque question. Certaines vous inspireront plus que d'autres bien sûr mais prenez un temps pour chacune, vous pourriez être surpris des réponses qui vous attendent.

QU'EST-CE QUE JE DETESTE LE PLUS DANS MA VIE ?

Faire un point sur sa vie, c'est avant tout de savoir ce que vous détestez, ce que vous ne voulez plus vivre, les personnes que vous ne souhaitez plus voir, les activités que vous ne voulez plus faire, etc. Parce que tout ça vous sort par les yeux, vous révulse ! Il est normal de ne pas être en symbiose avec tout ce qui existe dans un monde en trois dimensions et basé sur la dualité. On est des êtres humains aux perceptions limitées et notre chemin d'évolution prend racine sur les émotions désagréables que l'on ressent qui sont à l'origine des plus grandes découvertes sur soi que l'on puisse faire. Ce que vous détestez est en relation directe avec ce qui fait écho en vous car le monde extérieur est un reflet de notre monde intérieur. Ainsi, là où ça fait mal est toujours le terrain d'expression de quelque chose qui doit être réglé. Et ceci peut être en lien direct avec votre mission de vie. C'est directement lié à votre évolution personnelle qui est lié à notre mission de vie commune, mais cela peut l'être aussi à ce que vous êtes venu apporter au monde. Si vous ne supportez plus de vivre dans un monde où la finance est devant tout le reste et crée des inégalités odieuses, alors votre rôle peut être d'être un acteur d'une nouvelle économie plus sociale et plus humaine. Si ce sont les abattoirs ou l'agriculture intensive, alors vous pouvez avoir un rôle à jouer dans l'attention portée aux bêtes et à la Terre. Peut-être est-ce la médecine, la politique, la faiblesse des gens, etc. Tout est une porte ouverte à l'expression de qui vous êtes vraiment.

QUELLE ACTIVITE M'ENTHOUSIASME A UN TEL POINT QUE JE NE VOIS PAS LE TEMPS PASSER ? QU'EST-CE QUI ME DONNE LE PLUS D'ENERGIE ? QUELLES SONT LES ACTIVITES QUI M'AMENENT DANS UN ETAT DE JOIE, DE PLAISIR ET DE BIEN-ETRE ? ET SI JE DEVAIS FAIRE UNE SEULE CHOSE JUSQU'A LA FIN DE MES JOURS, QU'EST-CE QUE JE CHOISIRAIS ?

Il y a des activités qui semblent nous donner plus d'énergie que nous en prendre ! N'est-ce pas paradoxal ? Alors que notre énergie devrait baisser régulièrement et demander à être rechargée, il semblerait que certaines activités nous en donnent ! Elles nous nourrissent littéralement. On ne ressent plus la fatigue ou la faim et l'on peut continuer des heures durant sans jamais s'arrêter. Avez-vous des activités comme ça dans votre vie qui vous donnent de l'énergie et que vous adorez faire ? Voilà de quoi apporter de l'eau à votre moulin car si c'est le cas, tout porte à croire que vous avez déjà mis le doigt sur ce pour quoi vous êtes fait ! C'est lorsque l'on peut exprimer pleinement qui l'on est avec énergie que l'on est pleinement aligné et en accord avec notre être au plus profond de nous-même. Ensuite, l'idée est de savoir pourquoi cela vous passionne autant. Vous pouvez être passionné de handball mais qu'est-ce qui vous passionne dans le handball ? Est-ce de marquer des buts, de construire une victoire avec vos coéquipiers, de défendre le but, de sentir cette communion entre chacun, etc. Ainsi vous pourrez répliquer ce que vous trouvez dans cette pratique dans tout ce que vous faites. Prenez le temps de noter vos prises de conscience dans votre cahier. Prenez conscience aussi que cela peut être un environnement ou une façon précise de faire les choses. Si vous êtes en forêt, vous vous sentirez peut-être bien quoi que vous fassiez. Il y a aussi la manière de faire. Votre désir profond peut être d'être écrivain mais vous avez besoin d'une structure particulière. Vous aimez commencer à écrire vos livres par la fin ou en faisant des *mindmaps* gigantesques pour mettre en lumière vos idées avant de les écrire. Mon exemple dans ce domaine est que j'adore écrire des livres. Mais je ne peux le faire pendant des périodes longues. Si j'écris pendant 30 minutes, je le fais avec ardeur et efficacité mais je ne peux en faire guère plus car mon esprit ne peut rester concentré sur cette tâche trop longtemps. Pendant ces 30 minutes, le temps semble s'accélérer et je me retrouve souvent à écrire de façon automatique. Mes doigts s'activent et l'inspiration est là naturellement. Soyez donc vigilant à comment vous fonctionnez et à vos phases d'énergie.

A présent, voici une grande question : *si vous deviez choisir une seule activité à faire jusqu'à la fin de vos jours, qu'est-ce que ce serait ?* Voilà de quoi vous centrer sur l'essentiel ! N'attendez pas forcément une réponse claire et limpide. Personnellement, je vois davantage un contexte qu'une activité. Je vois la nature, les pieds nus sur un sol naturel et une profonde liberté. Evidemment, chaque fois que vous vous poserez cette question, la réponse pourrait être différente.

Pour compléter cette question, je me dois de dire qu'il est évident que certaines activités vous procurent de la joie et d'autres non. On se sent souvent obligé de faire certaines choses qui ne nous plaisent pas alors qu'il existe bien d'autres solutions en réalité. Vous pourriez arrêter certaines activités qui ne vous plaisent pas sans que cela change quoi que ce soit dans votre vie. Vous pourriez également les déléguer pour ne plus avoir à vous en occuper ou seulement les superviser. On pense à tort être indispensable dans plein de domaines alors que c'est rarement le cas. Prenez conscience de tout ce qui vous empêche de rayonner pleinement car ce sont probablement des obligations que vous vous fixez par peur de quoi que ce soit.

QU'EST-CE QUI EST IMPORTANT POUR MOI ? QU'EST-CE QUI ME TOUCHE EMOTIONNELLEMENT ?

Tout ce qui vous touche émotionnellement a du pouvoir et possède un sens particulier pour vous. Que ce soit une émotion agréable ou désagréable, la naissance d'une émotion révèle un grand pouvoir. On peut penser à l'élevage industriel, à la maltraitance des enfants ou des animaux, à l'éducation, aux inégalités sociales. On peut penser à grande échelle tout comme à l'échelle de son village ou son quartier. Il y a énormément de choses qui peuvent vous toucher émotionnellement dans la vie. Lorsque c'est le cas, c'est que vous avez soit un rôle à y jouer, soit quelque chose à régler en vous pour retrouver l'harmonie. Dans tous les cas, vous pouvez y trouver à la fois une source de libération et d'épanouissement. A présent, qu'est-ce qui est vraiment important pour vous ? Peut-être que c'est d'aider les gens, d'enseigner, de transmettre, de rendre les gens plus heureux, de trouver la vérité, d'apprendre, etc. Quoi qu'il en soit, vous avez à partager votre énergie originelle et la question est de savoir par quoi elle est activée. *Qu'est-ce qui vous touche en votre âme ?* Mettre l'accent sur ce qui est important pour soi permet de prendre les meilleures décisions et de se sentir à sa place. Pour vous donner un exemple, il est particulièrement important pour moi d'être humain. Ainsi, lorsque je suis dans le doute, je me réfère à ce pilier pour savoir comment je devrais agir pour être en accord avec cette valeur. C'est pour cela que j'accompagne beaucoup gratuitement et que j'offre autant. La plupart des gens et notamment des coachs préfèrent avoir votre argent plutôt que de vous aider. S'ils ont votre argent, ils sont ravis de vous aider mais sinon ils vous ignorent ou leur égo vous explique pourquoi ce n'est pas possible et blabla. Ma façon d'entreprendre fait de moi un extraterrestre dans la sphère d'entrepreneurs que je côtoie. Ils ne comprennent pas comment je peux m'en sortir financièrement en donnant toutes mes formations. Moi non plus d'ailleurs mais je n'ai pas à savoir car cela défie toute logique. Je laisse l'Univers me donner ce dont j'ai besoin avec une immense Gratitude. Il suffit d'être aligné avec les lois universelles... et en accord avec son énergie originelle. Au début, je n'étais pas enclin à offrir autant, puis, en me recentrant sur ce qui me touche vraiment, il m'a paru évidemment de fonctionner de cette façon. Dernièrement, une personne en fauteuil roulant m'a demandé de la conduire jusque chez elle car elle n'en pouvait plus. J'ai accepté avec Joie me rendant compte de la difficulté pour elle de se déplacer de cette façon. Elle m'a dit que la plupart des gens l'ignorent quand elle demande, ce qui m'a touché. Un être humain connecté à la Vie ne peut passer son chemin. Alors j'ai à cœur de transmettre cela. Dans la même veine, je suis choqué de constater que les gens marchent comme des robots dans la rue. Deux personnes connectées à leur âme qui se croisent se regardent naturellement dans les yeux et plus si affinité. La plupart des citadins foncent tête baissée sans un regard. Nous sommes bien sûr tous différents et avons tous un impact différent. Pensez à mettre la priorité sur ce qui est le plus important pour vous maintenant. Cela peut être d'avancer en direction de vos rêves, de développer cet amour avec vous-même et donc de prendre soin de vous, d'améliorer vos finances, etc. Sachez identifier vos priorités. Mettez l'égo de côté et laissez parler votre cœur. L'égo va souvent vouloir répondre de belles choses à cette question comme aider les autres, prôner l'amour, etc. Ecoutez vraiment ce que vous dit votre cœur et restez ouvert au changement et à la nouveauté car tout est mouvement.

DANS QUEL DOMAINE SUIS-JE EXTRAORDINAIRE ET UNIQUE ?

Vous vous dites probablement comme la plupart des gens que vous êtes extraordinaire en rien. Tout cela parce que vous avez probablement développé une fausse modestie à deux sous qui vous diminue. Votre âme déteste le rôle modeste que vous jouez. Elle a juste à cœur d'exprimer tout son potentiel extraordinaire et unique. Je ne vous demande pas de me dire que vous êtes un prodige dans un domaine mais simplement que vous fassiez les choses bien dans quoi que ce soit car ceci est extraordinaire. Personnellement, j'ai eu la chance d'avoir des titres honorifiques qui m'ont prouvé cela dans certains domaines, mais je n'en ai pas besoin. Je peux affirmer sans être présomptueux le moins du monde que j'ai de nombreux talents extraordinaires. J'écris très bien, j'ai une super mémoire, j'ai une capacité à rendre des informations digestes et compréhensibles pour chacun, j'écris sur clavier à la vitesse de l'éclair, je cuisine magnifiquement bien, je suis d'une bienveillance magnifique, je progresse très vite dans tous les domaines et pratiques qui m'intéressent, je gère magnifiquement ma vie, mon argent et mon bien-être, et je pourrai en donner des dizaines d'autres. Vous êtes admirable sous bien des plans. Ce qui vous empêche de le voir est la comparaison avec les autres puisque tout notre système éducatif est basé là-dessus. On ne vaut rien si on n'est pas meilleur que les autres. Or, c'est tout à fait l'inverse. C'est lorsque vous vous détachez des normes et des modèles de société que vous pouvez admirer votre Grandeur. Si vous avez du mal à faire cet exercice, je vous invite à demander à vos proches ou à vos amis qui auront toujours des réponses à vous donner. En parallèle de tout cela, je vous invite à isoler votre plus grande force. Quelle est votre plus grande force ? Vous savez certainement ce dans quoi vous vous illustrez à merveille. Cela peut-être de ramener vos enfants au silence, de rester focalisé sur une tâche pendant une longue période, de connecter les gens entre eux. Cela peut parfois être subtil. Ma plus grande force, j'ai réussi à l'isoler par hasard en réunissant des personnes en petits groupes. C'est ensuite ce qui a donné naissance au concept ATAYUMN avec ces stages en tous petits groupes. Je me suis rendu compte que ma seule présence suffisait à instaurer un environnement harmonieux où chacun se sent bien et libre de s'exprimer. Je me suis dit que c'était fabuleux de partager dans ce genre d'environnement et que c'était certainement ma plus grande force. Cela a pris ensuite l'étiquette de Puissance où ma simple présence suffit à éveiller la Puissance en chacun et à pouvoir s'exprimer librement. Vous avez déjà pu en isoler avec le premier exercice de cette partie. C'est aussi votre unicité, ce que vous êtes vraiment venu apporter sur cette Terre. Steve Jobs et Bill Gates vendaient tous deux des ordinateurs. Pourtant qui confondrait Apple et Microsoft aujourd'hui ? Il y a une identité complètement différente car ces personnes sont uniques et ont apporté une contribution unique avec de la valeur ajoutée à la société. Vous êtes dans le même cas. Prenez conscience de cette différence que vous avez en vous et cultivez-là. C'est avant tout en vous assumant pleinement et en prenant conscience de votre différence que vous pourrez assumer pleinement ce pour quoi vous êtes fait.

ALLER CHERCHER DANS LES EXTREMES

Vous connaissez probablement la voie du juste milieu. C'est aussi la voie du Tao. Elle porte plein de noms différents sur Terre. Son but est de nous faire tendre vers l'équilibre. Or, pour trouver l'équilibre ou l'unité au sein de la dualité, il nous faut expérimenter les différentes polarités et notamment les extrêmes. C'est pourquoi les épreuves les plus difficiles se révèlent être les plus grands enseignements. Beaucoup de personnes vivant une expérience très difficile et qui s'en sortent finissent par guider les personnes qui vivent la même situation pour les aider à leur tour. Quelles sont à la fois les expériences les plus difficiles et les plus joyeuses que vous ayez vécues dans votre vie ? Et quelles sont vos plus grandes frustrations tout comme vos plus grandes joies aujourd'hui ?

QUELS SYMBOLES M'ATTIRENT ?

Voici un point qui peut vraiment vous faire découvrir beaucoup sur vous-même. La vie ne se passe pas dans le mental mais dans tout ce que vous vivez au quotidien, avec tous vos sens en action. Enormément de symboles croisent notre route chaque jour et nous décidons consciemment ou pas d'y accorder notre attention ou non. Certains signes se répètent inlassablement jusqu'à ce que l'on en prenne conscience, d'autres sont beaucoup plus subtils. Les industriels, la politique, les religions, les sociétés secrètes et bien d'autres ont depuis longtemps compris l'importance des symboles et en abusent pour impacter les masses. D'une façon générale, vous êtes naturellement attiré par certains symboles qui s'illustrent autour de différents éléments comme les animaux, les livres, les personnes qui vous inspirent, etc. Vous connaissez certainement la fleur de vie qui est le symbole par excellence dans la spiritualité puisqu'il symbolise l'harmonie en toute chose. Voici quelques questions pour vous aider à mettre de la clarté sur ce sujet.

› *Quel est mon animal préféré ou celui qui me représente le mieux et pourquoi ?*

› *Quel personnage public ou de fiction est-ce que j'adore et qu'est-ce qu'il représente pour moi ? Sachez que tout ce que vous voyez chez les autres, vous l'avez aussi en vous !*

› *Quelle couleur, quelle fleur, quel instrument, quel chiffre, quel livre est-ce que je préfère et pourquoi ? Qu'est-ce que ces symboles ont de particulier, que représentent-ils et pourquoi est-ce que j'y suis attaché ?*

› *Quelles formes m'attirent particulièrement ? Est-ce plutôt des formes douces, harmonieuses, ou plus structurés, rigides, complexes ?*

› *Quels sons et musiques m'attirent ? Et pourquoi ? Les sons sont des vibrations. Peut-être aimez-vous les chansons à texte, ou sans texte. Peut-être aimez-vous la musique classique ou du rock. Peut-être aimez-vous les rythmes lents ou rapides.*

CE QUI ME FAIT PROFONDEMENT VIBRER

Si vous avez suivi les recommandations de ce livre jusqu'ici, vous devriez déjà avoir faire la lumière sur beaucoup de choses vous concernant. L'idée jusqu'ici était de défricher votre personnalité et qui vous êtes vraiment en allant chercher ce qui existe précisément en vous. A présent, je vais venir vous challenger sur ce pour quoi vous êtes fait. Nous visons maintenant ce qui vibre en chacune de vos cellules, ce pour quoi vous allez vous lever tous les matins, ce qui vous fait vibrer. On ne s'autorise pas à découvrir ces éléments-là car le mental a trop de place dans notre vie et ne permet pas de voir plus loin que le bout de son nez. Avant toute chose, il est primordial de considérer que les FAITS ne comptent PAS. Peu importe votre situation financière, sociale, professionnelle ou autre, tout ce qui compte est ce que vous souhaitez apporter au monde et aux autres maintenant. Ceci est encodé dans votre ADN, dans votre Vibration Originelle.

QU'AI-JE A DIRE DANS CETTE VIE-CI ? QU'EST-CE QUE JE SOUHAITE VRAIMENT EXPRIMER ? QU'EST-CE QUI EMANE DE MOI ? QU'EST-CE QUE LA SOURCE CHERCHE A MANIFESTER A TRAVERS MOI ?

Voilà une question plus subtile. Votre Vibration Originelle s'exprime à chaque instant à travers vous. Evidemment, elle est souvent cachée par l'égo mais vous pouvez aisément isoler des moments dans votre vie où votre âme était aux commandes et l'impact que vous avez eu sur votre environnement. Ainsi vous pouvez savoir ce qui émane de vous, ce que la Source cherche à manifester à travers vous. La première fois que je me suis retrouvé en stage avec quelques personnes devant moi, je me suis rendu compte d'un impact dont je n'avais jamais eu conscience. Chacun se sentait confiant et libre de s'exprimer sur des sujets personnels et face à des inconnus. J'ai pris alors conscience que ma simple présence suffisait à insuffler cette Force et cette Confiance en chacun. Vous avez à la fois un impact physique, énergétique, mental et spirituel. Vous pouvez être dynamisant, stimulant, faisant naître la joie, le rire, l'amusement, la tendresse, la force, et j'en passe. C'est illimité. Votre impact énergétique est aussi très grand sans que vous en ayez conscience. Personnellement j'envoie des messages via mon troisième œil à tous les êtres que je croise naturellement, sans le moindre effort, de façon à leur permettre de voir la Vérité, de discerner le vrai du faux. Vous avez aussi un impact de ce genre et cela peut être très ciblé, très général, sur différents centres énergétiques. Le plus important est que vous soyez simplement vous-même car votre présence est impactante de façon absolument magique, puisque c'est l'âme qui agit.

SI J'AVAIS TOUT L'ARGENT DU MONDE, QU'EST-CE QUE JE FERAIS ?

Imaginez que vous vous gagnez chaque mois une somme d'argent colossale. Imaginez avoir un milliard d'euros disponible sur votre compte en banque chaque mois. En quoi cela changerait-il votre vie ? Qu'est-ce que vous feriez ? Qu'est-ce que vous en feriez ? Cette question est là pour enlever la barrière de l'argent. On se limite énormément dans notre vie par manque d'argent. On se dit qu'on en manque pour faire ce que l'on aimerait vraiment faire. En réalité, vous avez exactement l'argent dont vous avez besoin maintenant pour avancer vers votre propre Libération. Avoir de l'argent sans être éveillé à sa véritable nature peut nous enfoncer dans une direction qui n'est pas propice à notre pleine expression. Toutefois, si vous en avez en abondance, c'est qu'il est bénéfique pour vous d'en faire l'expérience, notamment pour comprendre que vous n'en avez pas besoin pour ÊTRE. Avoir de l'argent ne sert pas à flamber et à vivre comme un pacha. Cela sert à pouvoir s'exprimer de la meilleure des façons et à vivre sa mission de vie sans contrainte. L'essence de l'argent est le sentiment d'Abondance qui permet de faire ce que l'on souhaite sans la limite de l'argent. C'est à cela qu'ouvre cette question.

SI TOUT ETAIT POSSIBLE POUR MOI, QU'EST-CE QUE JE FERAIS ?

« Il ne savait pas que c'était impossible, alors ils l'ont fait. »

Mark Twain

Si vous étiez sûr et certain à 2000% de réussir tout ce que vous entreprenez, que feriez-vous ? On pense souvent en termes de limites. Je ne peux pas parce que ci, parce que ça. On se trouve des excuses pour ne pas agir. Tout ça parce que l'on a peur ! Alors éliminez la peur un instant et demandez-vous ce que vous feriez si tout était possible pour vous. Dans tous les cas, on ne peut jamais être sûr à 100% de réussir. Attendre tous les feux verts, c'est faire preuve d'une grande naïveté. Pour l'instant, focalisez sur la certitude de réussir et que feriez-vous dans ce cas-là ? L'objectif ensuite est de passer de « *J'ai envie mais j'ai peur* » à « *J'ai peur et j'y vais quand même* ». Vous savez que la peur ne vous appartient pas. C'est juste une expérience éphémère qui passe dans le corps émotionnel du personnage que vous jouez et qui n'a rien à voir avec votre Je Suis, votre essence d'âme. Ainsi vous pouvez simplement la saluer et lui permettre d'exister tout en sachant qu'elle va s'en aller naturellement.

QUI SONT LES PERSONNES QUE JE VEUX VRAIMENT AIDER ? POUR QUI OU POUR QUELLE CAUSE EST-CE QUE JE SOUHAITE ETRE UN HEROS ?

Si vous deviez aider un type de personnes en particulier, qui est-ce que ce serait ? Cela va vous permettre de clarifier si vous êtes naturellement plus à l'aise avec les enfants, les sans-abris, les personnes vivant dans un milieu défavorisé, les hommes ou les femmes dans un certain contexte, les personnes qui se sont perdues en chemin, etc. Il y a certainement une catégorie de population qui vous touche plus qu'une autre. Cela peut aussi être les animaux, les végétaux, les défunts, etc. Personnellement, je sais que je suis là pour aider les personnes qui sont déjà sur un chemin spirituel depuis longtemps et qui souhaitent se sortir de la soupe à la guimauve. Il leur manque le déclic pour passer à l'étape supérieure et pouvoir s'éveiller. Je suis impacté par les personnes qui ne sont pas éveillées à leur Puissance et ma présence sur Terre les éveille à cela, tout comme de nombreuses autres personnes ont contribué à ma propre Libération. Ce n'est pas pour autant que je ne suis pas touché par d'autres catégories de personnes mais ce n'est pas pour autant mon cœur de cible. Je peux par exemple donner de l'argent à une personne dans le besoin tout en sachant que mes efforts quotidiens ne doivent pas se porter sur elle car je ne suis pas le plus « qualifié » pour cela. L'important ici est de déterminer qui vous souhaitez aider et pourquoi. Attention à ne pas vous arrêter aux traits physiques. Cela peut être indépendant de l'âge et de la profession mais être porté sur un certain type de caractère ou des personnes ayant vécu un type d'expérience précis. Tout est ouvert et possible.

QUELLE CAUSE SUIS-JE PRET A DEFENDRE A TOUT PRIX ?

« Ce qu'on appelle une raison de vivre est en même temps une excellente raison de mourir. »

Albert Camus

Voilà une grande question également qui va de pair avec « *Qu'est-ce qui me révolte dans le monde* ? ». Ainsi, vous pouvez déterminer ce que vous désirez faire. Mais attention, vous êtes là dans une énergie égotique qui veut transformer ce qui est plutôt que d'accueillir. Cela vous donne une tendance de ce vers quoi vous voulez aller. Mais souvenez-vous que vous devez toujours être dans la meilleure énergie possible et dans les plus hautes vibrations. Ce que vous nourrissez d'Amour vous reviendra démultiplié. Ce que vous faites avec colère vous reviendra également. Toutefois, je peux par exemple dire que la maltraitance des animaux me révolte, ainsi que l'utilisation à outrance de poisons sur les cultures. Comme toujours, j'accueille ce qui est car je permets cela au sein de cette humanité. Ensuite, je décide simplement de nourrir autre chose mais je le fais avec Amour ! Ce qui vous révolte doit être avant tout apaisé en vous. Ce que vous voulez défendre à tout prix également. Car en soi, il n'y a rien à changer à l'extérieur. Il n'y a qu'à laisser s'exprimer votre énergie originelle. Chaque fois que vous êtes en tension, cela révèle l'égo qui vous empêche d'exprimer votre plein potentiel. En vous apaisant, vous pouvez alors œuvrer dans la plus belle énergie dans ce domaine qui vous tient à cœur. Imaginons que vous ayez été maltraité dans votre enfance ou que vous ayez été battue par votre mari. Ces expériences de vie, si regrettables soient-elles, peuvent aujourd'hui être des cadeaux pour vous montrer dans quel domaine vous souhaitez vous illustrer. Votre propre souffrance vous donne une force incomparable face à des personnes qui n'ont pas vécu le même scénario. Nous avons tous un chemin avec des expériences plus ou moins difficiles. Et nos plus grandes forces se cachent souvent dans nos plus grandes souffrances. Avec le recul, vous pouvez voir les bienfaits de ces expériences et en comprendre la signification. On ne peut pas voir l'objet en entier quand on a la tête dedans. Laissez donc aller votre frustration et tout ce qui vous encombre pour vous focaliser sur les plus belles énergies qui soient en agissant avec passion et Joie ! Avec tout cela à l'esprit, quelle cause êtes-vous prêt à défendre bec et ongles dans votre vie ?

ET SI J'AVAIS LA LAMPE D'ALADIN ?

Voilà une question que j'adore personnellement. Imaginez que vous soyez dans la situation où vous avez dans vos mains la lampe d'Aladin avec un seul vœu à réaliser. Quel serait ce vœu ? C'est votre souhait le plus cher, le souhait ultime ! Mais souvenez-vous, le génie de la lampe ne vous donne que ce qui vous concerne personnellement. Si vous demandez un vœu qui concerne une autre personne, il ne pourra le réaliser. A part cela, vous êtes sans limite, vous pouvez tout demander et tout vous sera donné. Si vous aviez cette lampe dans vos mains avec ce seul vœu à demander, qu'est-ce que vous demanderiez au génie ?

LES TRESORS DE MON PASSE

Nous voilà certainement dans la partie la plus facile dans cette phase d'exploration puisque je vais vous emmener vers ce que vous avez déjà vécu. C'est votre passé. Et votre passé contient des trésors que vous avez peut-être oubliés. L'objectif ici est de vous reconnecter à votre enfant intérieur. Il est toujours là et présent. Il s'exprime régulièrement, vous pouvez l'entendre dire OUI ou rire de loin. Parfois vous lui permettez de prendre la place et les commandes. C'est dans ces moments que l'on se jette à l'eau, que l'on arrête de vouloir contrôler ou comprendre et que l'on se laisse émerveiller par la magie de la vie. Prenez un instant pour vous connecter à votre enfant intérieur et lancez-vous dans cette nouvelle introspection parmi les trésors de votre passé.

QU'EST-CE QUE JE SOUHAITAIS DEVENIR QUAND J'ETAIS PETIT ?

On nous a tous demandé un jour : « *Et toi mon petit, qu'est-ce que tu souhaiteras faire quand tu seras plus grand ?* ». Chose à laquelle on répond rarement « *Expert-comptable* ». Pourtant, on finit souvent dans ce genre de métier-là. Alors pourquoi passons-nous de cette insouciance de l'enfance qui rêve à des métiers passionnants, à celui de l'adulte sérieux qui choisit son métier bien plus par raison que par passion ? Pourtant, vous le savez au fond de vous, ce qui vous fait vibrer au quotidien est ce qui touche à vos rêves et à vos passions. Lorsque vous étiez petit, vous saviez ce que vous vouliez au fond de vous. Alors cela manquait peut-être un peu de structure mais je vous invite ici à vous reconnecter à ce qui vous faisait vibrer quand vous étiez plus jeune. Vous pourrez ainsi retrouver votre âme d'enfant et ce que vous désirez vraiment faire dans votre vie. Je vous invite également à creuser davantage. Si vous pensiez être astronaute, alors qu'est-ce qui vous faisait vibrer dans ce métier ? Est-ce l'aventure ? Le ciel étoilé ? Les planètes ? L'indépendance ? La haute technologie ? Ainsi vous pouvez faire des passerelles entre le rêve et la réalité en votre cœur.

QUELLES ETAIENT MES MATIERES PREFEREES ET MES ACTIVITES PREFEREES ?

Voilà une autre question qui peut apporter de l'eau à votre moulin. Lorsque vous étiez à l'école, quelles étaient vos matières préférées ? Toutes matières confondues bien sûr. Si c'était l'art plastique et le sport, c'est très bien ! Cela vous permet déjà de voir que ce qui vous passionne le plus n'est pas forcément lié à une activité d'ordre intellectuel. J'entends par là une activité qui est davantage de l'ordre de la création ou de l'amusement. J'ai toujours aimé le sport car c'était vraiment amusant et j'aime retrouver cette Joie dans tout ce que je fais aujourd'hui. Il était lié aussi à la compétition qui m'a permis de me donner énormément de valeur. Ensuite, j'adorais résoudre des problèmes de maths, ce qui se traduit davantage aujourd'hui dans la numérologie et la gestion de l'argent ainsi que mon lien étroit avec l'Abondance. Dans cette partie, pensez à faire des liens entre ce que vous vivez concrètement et ce qui vous fait vibrer.

QU'EST-CE QUE J'AI SURMONTE DANS MA VIE ET QUE JE PEUX AIDER LES AUTRES A SURMONTER ?

Nous vivons tous des épreuves dans la vie. Chacun d'entre nous a un passé plus ou moins agréable et ponctué d'événements et de situations en tous genres que nous avons dus surmonter et qui nous ont fait grandir. Quelles sont pour vous ces épreuves les plus grandes ? Quelles sont vos plus grands accomplissements ? Ces moments de votre vie sont de véritables cadeaux car vous en avez tiré de grandes forces. Vous savez à présent comme réagir dans des scénarios similaires et éventuellement comment aider des personnes qui vivraient le même genre de scénario. Voilà qui peut vous amener sur un chemin de contribution aux autres et au monde en exploitant votre propre expérience. Je vous invite ici à lister les différentes épreuves que vous avez surmontées, ainsi que les plus grandes victoires que vous avez connues. Quels ont été les cadeaux derrière tout cela ? Qu'avez-vous dû surmonter et à quel prix ? Vous avez les réponses, les clés de ces coffres secrets, et vous pouvez en faire une force immense dans votre vie. Les clés de ces coffres, beaucoup les recherchent. Vous n'en avez pas conscience mais tout porte à croire que vous pouvez aider des personnes, grâce à votre expérience, à surpasser ce que vous avez déjà surpassé. Cela peut-être une activité professionnelle ou bénévole, cela importe peu. Mais je vous garantis que vous allez trouver une Joie sans pareille à aider des personnes qui cherchent les clés que vous avez sur votre trousseau de vie.

QUEL EST MON MENTOR, MON MODELE ET POURQUOI ?

J'adore cette question. Nous nous identifions tous à certaines personnes qui sont comme des modèles pour nous. Cela peut être un personnage historique, un maître spirituel, un sportif ou même une personne proche. Si j'ai choisi de mettre cette question dans les trésors du passé, c'est parce que l'on s'identifie souvent à de grandes icônes du passé. On peut penser à Gandhi, Mandela, Mère Theresa, Michael Jordan, Wayne Dyer, Napoléon, Coluche, Charles de Gaulle, Jules César, ou encore simplement vos parents ou vos frères et sœurs. Tout est possible. Mais alors, que représente ce modèle pour vous ? Qu'est-ce qu'il incarne et qui vous semble absolument merveilleux et que vous désireriez avoir également ? Sachez que tout ce que nous voyons en l'autre, nous l'avons en nous par effet miroir. Ainsi, ce que vous aimez et détestez chez les uns et les autres fait écho à quelque chose qui est déjà présent en vous. C'est ainsi que vous pouvez aller dénicher de vraies pépites car les autres sont des révélateurs de qui nous sommes. Si vous adorez Mère Theresa, peut être souhaitez-vous incarner l'amour dans votre vie et l'apporter aux autres. Si vous adorez Michael Jordan, c'est peut-être un exemple de persévérance et de mental de gagnant que vous souhaitez développer pour inspirer les personnes autour de vous. Et ces différents traits de caractère, vous pouvez les développer également à votre rythme et en faire même votre spécialité. Une personne que j'adore sur la scène française est Mika. Il représente pour moi l'expression totale et sans compromis. Il est profondément lui-même, s'habille de façon artistique et unique, et a une profonde humanité en lui. Je suis aussi inspiré par Fabrice Lucchini, capable d'enflammer un plateau TV par sa culture, son humour et l'art de manier les mots. Il sort complètement du cadre pour être dans son essence et impacter son environnement. Vous pouvez aussi être inspiré par des personnes qui incarnent quelque chose qui est présent mais non exprimé en vous. Alors cultivez cela et laissez-vous inspirer par ces êtres au quotidien.

QUI EST MON HEROS PREFERE ET QU'EST-CE QU'IL INCARNE POUR MOI ?

Dans la même veine que le mentor, notre enfance et notre vie d'une façon générale est bercée au rythme de héros et superhéros qui n'ont plus de limites ! Ce sont des êtres inspirants qui peuvent révéler en nous cette soif de grandeur, cette soif de vouloir être pleinement soi-même et de réaliser de grandes choses. Alors quels sont vos héros préférés et qu'est-ce qu'ils incarnent ? Quelles sont leurs qualités et quels sont leurs accomplissements ? Si cela vous inspire, peut-être pourriez-vous faire la même chose dans votre vie, à votre façon, pour impacter toutes les personnes qui vous entourent. Ou en tout cas, vous pouvez incarner les traits de caractère qu'ils ont et qui vous inspirent vraiment.

LE CHERCHEUR D'OR

Le chercheur d'or va chercher ce qu'il souhaite à la source. Je vais donc vous poser ici des questions qui peuvent vous chambouler, qui vont aller chercher au-delà des simples apparences. Je vous invite à prendre du temps sur chaque question pour vous en imprégner et pouvoir y répondre du mieux possible, en écoutant votre âme.

QU'EST-CE QUE JE SUIS VENU ACCOMPLIR SUR TERRE ? QU'EST-CE QUE JE SUIS VENU DONNER ET OFFRIR ?

Vous n'êtes pas là par hasard. Je vous invite à partir du constat ou de l'hypothèse que vous avez délibérément choisi de venir sur Terre pour y accomplir quelque chose. Votre âme sait ce que vous êtes venu faire. Votre mental peut-être pas. Posez-vous quelques secondes et prenez trois grandes inspirations et expirations. Demandez-vous ensuite : « *Qu'est-ce que je suis venu accomplir sur Terre ?* ». Laissez venir les réponses. Ne jugez pas. Si rien ne vient, c'est parfait, c'est que cette question n'est peut-être pas la plus pertinente pour vous et vous révèlera ses secrets plus tard. Ensuite, posez la question « *Qu'est-ce que je suis venu offrir à la Terre et à ses habitants ?* » Vous êtes venu offrir la vibration de votre âme. Laissez celle-ci s'exprimer en mots, en sons, en mouvements, en vibrations, en couleurs... Laissez venir.

QU'EST-CE QUE JE SUIS VENU CHERCHER SUR TERRE ? QU'EST-CE QUE JE SUIS VENU LIBERER EN MOI ?

De façon ultime vous êtes venu offrir votre Vibration Originelle. C'est l'objet de cet ouvrage et de la question précédente. Mais comme nous l'avons vu, afin que ce soit possible, il vous faut vous libérer. Alors vous venez vivre en cette existence des expériences vous permettant de libérer votre Karma. Pour faire simple, c'est vous libérer des casseroles de votre passé, issues de cette vie ou d'une autre. Vous êtes aussi venu vous extraire définitivement de la roue de la réincarnation forcée. Vous trouverez bien plus de détails dans mon livre sur les lois universelles. Qu'est-ce que vous êtes venu chercher ici ? Vous venez pour vous libérer et pouvoir vous exprimer dans votre essence. Mais vous libérer de quoi ? Posez la question à votre âme. De quoi avez-vous besoin maintenant, qu'êtes-vous venu chercher ? Vous êtes peut-être venu développer certaines capacités pour faire passer certains messages. A présent, afin de vous focaliser sur l'essentiel, si vous deviez améliorer une seule chose en vous, quelle serait-elle ? Voilà des pépites toutes prêtes à faire briller.

QU'EST-CE QUI NOURRIT VRAIMENT MON ETRE, MON AME ?

Qu'est-ce qui vous nourrit vraiment de l'intérieur ? N'avez-vous jamais vécu ces moments où vous semblez être complet, en connexion profonde avec vous-même, avec le sentiment d'être pleinement nourri ? Dans ces moments-là, on ne ressent plus la faim ni le besoin de dormir. On se sent pleinement bien ici et maintenant. Et l'on peut sentir un enthousiasme débordant ainsi que de l'énergie à revendre. Alors qu'est-ce qui vous nourrit vraiment ? Est-ce d'être au contact des autres, de la nature, de vos enfants ? Est-ce de donner de votre personne, de contribuer au monde ? Est-ce de vous battre pour une cause juste ? Est-ce de vous sentir utile, aimé ? Est-ce d'aimer ? Isolez donc ces moments de votre vie où vous vous êtes senti comblé et cherchez pourquoi il en était ainsi. Faites attention à bien discerner le contentement de l'égo et ce sentiment de profonde plénitude intérieure car vous savez être à votre juste place et que vous êtes pleinement vous-même.

QU'EST-CE QUI FAIT CHANTER MON CŒUR ET DANSER LES CELLULES DE MON CORPS ?

Un peu de poésie pourrait bien vous inspirer à trouver ce qui vous fait vibrer, et plus particulièrement votre cœur et vos cellules ! Qu'est-ce qui fait chanter votre cœur et danser les cellules de votre corps ? Par cela, j'entends ce qui vous fait vraiment vibrer de Joie lorsque vous le faites ou que vous vous imaginez en train de le faire. Lorsque vous sentez votre corps chanter sous cette magnifique impulsion de l'action alignée, alors vous savez que vous êtes à votre place et vous n'avez qu'une envie : continuer d'être qui vous êtes et de faire ce que vous faites en cet instant et pour le reste de votre vie ! Evidemment, cela peut changer au cours de votre vie mais au moment où vous le faites, vous vous sentiriez volontiers de faire cela chaque jour. Nous sommes tous nés pour nous exprimer de la meilleure des façons et nous avons des signes qui nous sont envoyés en permanence pour cela. Il suffit d'être à l'écoute de soi et des signes de la vie pour aller expérimenter et trouver l'or qui coule dans vos veines, les pépites qui font briller votre cœur et l'enthousiasme qui fait danser chacune de vos cellules. Ainsi, votre cœur chantera et vos cellules danseront comme jamais !

COMMENT PUIS-JE PARTICIPER A L'ELEVATION DE LA CONSCIENCE PLANETAIRE ?

Nous avons tous cet objectif commun de croître et de se rapprocher de qui l'on est vraiment, que ce soit consciemment ou inconsciemment. Toutes nos expériences de vie sont là pour nous faire grandir du point de vue de l'être. Et cette quête est aussi universelle. Nous la partageons tous sur un plan individuel mais également collectif. C'est en étant tous dans la même énergie de vouloir évoluer ensemble que nous permettons à un nouveau monde d'exister. J'aime cette phrase disant que « *Dieu n'indique qu'une seule direction : DEVANT !* ». Alors nous avons tous à cœur de croître, de progresser, d'être libre de rayonner sans condition. Le monde actuel est parfait comme il est, bien que rempli d'imperfections car elles font partie de notre chemin. C'est seulement en jouant un rôle nouveau, ensemble, que nous pouvons aider à l'élévation de la conscience planétaire et à de nombreuses prises de conscience globales. En vous efforçant de chercher comment vous pourriez participer à ces changements, vous allez vous rapprocher de ce que vous désirez vraiment faire. C'est cet acte de contribution pour la communauté qui peut réveiller de grandes choses en vous. Alors *quel appel ressentez-vous pour participer à l'élévation de l'humanité* ? Ne cherchez pas forcément la grandeur, le plus important est l'intensité que vous mettez à la moindre tâche, si petite puisse-t-elle paraître.

QUELLE NOTE DE MUSIQUE UNIQUE PUIS-JE JOUER AFIN DE MAINTENIR L'HARMONIE DE LA TERRE ?

Voilà une autre question d'ordre poétique. L'univers est une symphonie de vibrations dont chaque fréquence est comme une note de musique que l'on perçoit ou non. Et vous ? Quelle est votre note de musique ? Quelle note de musique vous caractérise précisément ? Quelle combinaison vous permet de vous exprimer de la meilleure des façons ? Tout ceci est imagé bien sûr et l'idée est de construire son harmonie intérieure afin d'impacter sur l'harmonie globale, l'harmonie du monde, l'harmonie de la Terre. Quelle est cette contribution unique, votre fréquence spécifique, que vous pouvez apporter au monde ? Demandez simplement à votre âme la note qu'elle souhaite jouer maintenant et tout au long de votre vie. Soyez sans attente, laissez venir à vous les idée, images, mots, sons ou quoi que ce soit que vous puissiez récolter.

COMMENT PUIS-JE INSTAURER LA NOTION DE SACRE DANS MON TRAVAIL ET DANS TOUT CE QUE JE FAIS ?

Voilà une question j'adore ! Mère Thérèsa a dit cette phrase délicieuse : « *Ce qui est important, c'est l'intensité d'Amour que vous mettez dans le plus petit geste* ». Ce que vous faites importe peu en réalité, c'est avec quelle conscience vous le faites qui fait toute la différence. Le jour où j'ai lu *La magie du rangement* de Marie Kondo, j'ai complètement changé ma façon d'être face au pliage des vêtements. C'était une vraie corvée pour moi. Cela me prenait beaucoup de temps et il y avait toujours plein de plis indésirables. Désormais, je prends un plaisir fou à plier mes vêtements et ils sont toujours impeccables. J'ai même trouvé des astuces pour qu'il n'y ait plus de plis. J'ai instauré la notion de sacré dans le pliage de mes vêtements. Je vous invite dans toute cette troisième partie à trouver des activités qui vous enthousiasment. Mais le plus important est de mettre de l'enthousiasme dans vos différentes activités. Tout ce que vous faites peut être une magnifique expérience. Vous pouvez prendre un plaisir fou à voyager en avion ou dans le métro. Vous pouvez prendre un plaisir fou à faire la vaisselle. Vous pouvez prendre un plaisir fou à ramasser les détritus des autres par terre. Ou encore à faire des démarches administratives. Comment pouvez-vous instaurer la notion de sacré dans tout ce que vous faites ? Comment vous permettre d'exprimer le sacré à chaque seconde de votre vie ? Que pouvez-vous faire dans votre activité professionnelle pour cela, ou dans vos différentes relations ? Laissez-vous inspirer.

LA GENEROSITE INCARNEE

« Notre principale mission dans la vie est d'aider les autres. Si nous ne pouvons aider, puissions-nous ne pas leur nuire. »

Dalaï Lama

QUELLE ACTIVITE SERAIS-JE PRET A PAYER POUR LA FAIRE LE RESTE DE MA VIE ?

Quand on paie pour quelque chose, on attend généralement un juste retour. Et pour certains achats, on est parfois dans une joie immense, sachant pertinemment que ce que l'on s'offre vaut largement l'investissement. Alors pouvez-vous imaginer donner de l'argent chaque jour de votre vie pour faire l'activité de votre choix ? L'argent n'a plus aucun sens dans ce scénario car vous êtes pleinement à votre place et cet argent est seulement le moyen qui vous permet de vous exprimer pleinement dans l'activité que vous préférez. C'est un moyen de voir dans quel domaine l'argent devient plus anecdotique face à l'enthousiasme que vous trouvez. Alors, quelle serait cette activité ?

QU'EST-CE QUE J'AIME DONNER SANS RIEN ATTENDRE EN RETOUR ?

Donner de l'argent, donner de son temps, prêter ses bras pour un déménagement, porter assistance à un ami ou à un inconnu, faire des cadeaux, donner de l'amour, faire des câlins, faire des massages, faire à manger, etc. Qu'est-ce que vous aimez donner par-dessus tout sans rien attendre en retour ? Le plus beau sport qui soit est celui de se baisser pour aider quelqu'un à se relever. Nous savons aujourd'hui, études à l'appui, que l'être humain a plus de plaisir à donner qu'à recevoir. Donner est la clé du bonheur. Si vous pouvez donner sans rien attendre en retour, vous allez vous sentir merveilleusement bien. Evidemment, vous ne pouvez donner que ce que vous avez déjà et que vous vous donnez à vous-même, également synonyme de ce que vous vous permettez de recevoir. C'est un cycle vertueux qui permet d'obtenir toujours plus pour ainsi donner toujours plus.

QUEL EST LE PLUS BEAU CADEAU QUE JE POURRAIS OFFRIR AUJOURD'HUI ?

Comprenez ici que même si les questions se ressemblent, elles abordent un angle d'approche différent qui peut vous inspirer différemment. Nous sommes dans une société de consommation et l'on se rend compte que l'on fait beaucoup de cadeaux qui manquent parfois de sens pour soi. Personnellement, j'ai pris conscience que le plus beau cadeau que je puisse offrir est l'amour. Des pensées, des intentions, des émotions liées à l'Amour. Ainsi, lorsque j'offre un cadeau physique, parfois sur demande de la personne en commun accord avec d'autres, je mets toujours cette intention d'amour derrière qui a plus de valeur, à mon sens, que le cadeau lui-même. Et je ne peux m'empêcher de penser que cela le rend encore plus beau ! Alors quel est le plus beau cadeau que vous puissiez offrir ? Cela peut être votre temps, votre argent, vos compétences, des livres qui vous inspirent, des cadeaux que vous faites vous-même, issu de votre propre création, des cadeaux faits mains à une échelle locale, des cadeaux éthiques sans pollution associée, une expérience insolite, la participation à un événement ou une manifestation, simplement un gros câlin ou des belles pensées et intentions pour la personne en question. Allez chercher au fond de vous ce que vous souhaitez vraiment offrir à vos proches, à vos amis, au monde, à toute personne que vous croisez. Ainsi, vous pourrez vous aligner sur ce qui fait vraiment du sens dans vos actions au quotidien.

QUEL CADEAU EST-CE QUE J'AIMERAIS RECEVOIR ?

Restons dans la veine du cadeau. Peut-être avez-vous du mal à vous tourner vers les autres pour le moment et il vous est difficile de définir quel cadeau vous souhaiteriez donner. Alors demandez-vous personnellement quel cadeau vous souhaiteriez recevoir ! Aussi bien à votre anniversaire, qu'en toute occasion et chaque jour de votre vie. Cela vous permet de voir ce qui est important pour vous. Et je suis certain que vous avez déjà été de nombreuses fois déçu des cadeaux que vous avez reçus. Peut-être avez-vous toute une collection de cadeaux qui trainent dans un coin et dont vous ne savez que faire. Peut-être vous empressez-vous de les revendre sur *Leboncoin* pour vous débarrasser de ces derniers. Toutefois, un cadeau qui ne nous convient pas est aussi un cadeau sur le plan de l'être. Car il permet de se remettre en question pour se dire « *OK, ça c'est précisément ce que je ne veux pas. Mais alors qu'est-ce que je veux vraiment ? Qu'est-ce que j'aurais vraiment voulu recevoir plus que tout au monde ?* ». Je vous invite à plonger dans cette réflexion en vous détachant pleinement du regard des autres. Votre souhait peut être d'aller dans un séminaire de votre gourou de développement personnel préféré et vous n'osez pas le demander ! Demandez. Au moins, ceci sera clair dans votre esprit, vous enverrez l'intention à l'Univers que c'est ce que vous désirez et cela commence à préparer le terrain pour les prochaines fois auprès de vos proches !

TROUVER SA RAISON DE VIVRE PAR LA VOIE DU CŒUR

Nous aspirons tous à trouver le bonheur et la paix. Au-delà de trouver ce pour quoi vous êtes fait, vous avez le désir de grandir spirituellement, de trouver ce bonheur que chacun cherche. Pour d'autres, on parle de l'illumination tant convoitée. Tout ceci se construit pas à pas, par des prises de consciences progressives sur la vie. Ainsi, s'améliorer chaque jour est un challenge que nous partageons tous. Nous avons des attentes plus ou moins grandes en fonction de nos aspirations. Toutefois, un point demeure qui nous est commun à tous : la volonté de croître. Nous grandissons dans l'enclos de l'égo qui nous permet de faire des expériences dans la vie sans prendre le risque de nous égarer. Cependant, l'égo devient rapidement une barrière que nous devons sauter si nous voulons goûter à la vraie saveur de la vie, de la liberté. Ceci, nous le partageons tous, que ce soit consciemment ou inconsciemment. Se libérer de l'égo, c'est s'ouvrir à l'amour et se détacher de nos peurs. Lorsque l'on se détache de nos peurs, il n'y a plus de place pour les sentiments égoïstes qui sont à la source même de tous nos sauts d'humeur. J'ai vu personnellement ma vie se transformer littéralement en quelques années, cette dernière devenant plus passionnante et légère. Permettez-vous de vous poser cette simple question : *Que diriez-vous de vous libérer maintenant de toutes vos peurs, de ne ressentir qu'un amour profond pour tout ce qui existe maintenant et ainsi de vous sentir libre d'être, de faire et d'avoir ce que vous voulez ?* Pour cela, rien de plus simple. Vous devez focaliser votre attention sur l'Amour. Vous avez le choix aujourd'hui entre l'amour et la peur. Tant que vous exercerez un contrôle par l'égo, cela génèrera de la peur et la vie vous présentera d'autres situations pour vous libérer de ce contrôle. Plus vous serez dans l'Accueil et la Joie de vivre ce qui se présente, plus vous vous connecterez avec ces vibrations d'Amour. Mon invitation pour vous est de faire tout votre possible pour faire grandir cet Amour en vous. L'amour de soi, l'amour pour la vie, l'amour envers les autres. Rapprochez-vous de la Joie, de la Gratitude, de l'Enthousiasme et de l'Amour inconditionnel qui ont le pouvoir de transformer votre existence pour le meilleur. Vous serez alors dans une attitude de Don permanent, donnant de la Joie autour de vous. Vous avez le droit de faiblir, d'entrer dans une colère noire ou de pleurer toutes les larmes de votre corps. Et vous pouvez y trouver de la Joie aussi, voire même en rire en sachant le caractère éphémère de cette situation. Votre *mission de vie* peut être aussi simple que celle de donner de votre amour, à l'image de personnes comme Amma ou Mère Theresa. D'autres sont davantage sur des sentiments de paix. Retenez toujours que ce qui compte est comment vous vous sentez ici et maintenant afin de savoir si vous êtes pleinement aligné ou non.

LEÇONS DU FUTUR

« Si tu as un but dans la vie qui prend beaucoup d'énergie, qui exige beaucoup de travail, qui engage un grand intérêt, et qui est un défi pour toi, tu auras toujours hâte de te réveiller pour voir ce que le nouveau jour t'apportera. »

Susan Polis Schultz

QUELLE EST MA VISION DE MOI ET DE MA VIE DANS 20 ANS ?

Voilà une question terrible pour moi car je suis incapable d'y répondre. Quand je vois ce qu'il s'est passé dans les 2 dernières années de ma vie, cela me donne le tournis. Alors dans 20 ans... L'idée n'est pas d'être objectif justement mais d'être dans la folie. Dans 20 ans, tout ce que vous faites et vivez aujourd'hui n'aura plus la moindre importance. Vous aurez avancé sur tous les plans, aidé des milliers de personnes, eu des milliers de prises de conscience, connu des expériences extatiques, fait des centaines de rencontres magiques, etc. Dans l'idéal, quelle est votre vision de vous-même et de votre vie dans 20 ans ? Tout doit être absolument positif. Imaginons que vous ayez 70 ans et que vous répondiez que vous serez probablement mort, alors c'est carton rouge. Vous êtes en plein dans une programmation du vieux *has been* à foutre à la benne alors que vous pouvez potentiellement vivre beaucoup plus vieux que cela. De même si vous avez une maladie dite incurable. Elle n'est incurable que pour et par les personnes qui croient en cela évidemment. Bref, ne vous limitez pas et voyez le monde merveilleux dans lequel vous vivez, voyez la vie extraordinaire que vous avez construite et voyez à quel point vous vous sentez épanoui sur tous les plans. Osez planter ces graines qui vous permettront d'en récolter les bénéfices plus tard, sans attente de quoi que ce soit. Plus vous aurez de la clarté dans votre vie, plus vous pourrez avancer avec légèreté et facilité ! Lorsque vous savez où vous voulez vous rendre, il est beaucoup plus facile de choisir le chemin qui y mène ! Il y aura toujours des obstacles à surmonter mais ils ne vous arrêteront que si, et seulement si, vous n'avez pas de vision allant au-delà. C'est pourquoi plus vous cultivez votre vision et accueillez sans jugement ce que la Vie vous donne à vivre, plus votre vie sera riche. Un exercice simple que vous pouvez faire régulièrement est de prendre une feuille blanche et un stylo, puis d'écrire pendant 20 minutes tout ce que vous souhaiteriez être, faire et avoir dans votre vie. Ceci est la base de la base. Et en même temps un MUST ! Très peu le font. Personnellement, je fais cet exercice régulièrement. Au minimum 2 fois par an. Et je m'autorise à le faire plusieurs jours d'affilés, parfois pendant un mois. Les personnes autour de moi se demandent parfois comment je fais pour être aussi productif. Je ne suis pas spécialement productif. J'accomplis ce qu'il y a dans ma vision, ce qui me porte, et j'obtiens naturellement des résultats. Alors que vous dit votre cœur à présent ? Avez-vous le sentiment d'être vraiment à votre place ? Avez-vous de la clarté sur votre avenir ? Je vous laisse avec ces questions et le soin d'y répondre. Comme toujours ne cherchez pas si ça ne vient pas, laissez venir à vous les réponses.

QUELS SONT LES REVES QUE JE N'AI PAS ENCORE REALISES ?

« Tant que je désire quelque chose, j'ai une raison de vivre... La satisfaction, c'est la mort. »

George Bernard Shaw

Aujourd'hui, vous avez certainement conscience de rêves qui sont dans votre tête et pour lesquels vous vous dites « *Un jour, peut-être.* ». Quels sont ces rêves ? Un rêve ne devrait jamais rester ignoré et sans réponse de votre part. On ne devrait jamais le mettre de côté en se disant *peut-être*. Si c'est un vrai désir de cœur, alors c'est votre âme qui parle. Il serait cruel envers vous-même et envers Dieu ou l'Univers qui vous a inspiré ce rêve, de le laisser de côté. Vous pouvez avoir mille raisons de ne pas lui accorder toute votre attention, tout cela représente des excuses que l'égo utilise à partir du monde extérieur. Je sais que la route peut être longue, vous avez peut-être besoin de beaucoup d'argent ou de nouvelles compétences. Ce qui est certain, c'est que rien n'est impossible. Alors reprenez le temps maintenant de vous remémorer tous vos rêves que vous avez encore, que vous souhaiteriez réaliser avant de mourir. Cela vous remettra dans l'énergie de ces derniers et vous permettra de les remettre en lumière et de leur permettre de grandir.

SI MA VIE S'ARRETAIT MAINTENANT, QUEL SERAIT MON PLUS GRAND REGRET ?

Imaginez que votre vie s'arrête maintenant. Que regretteriez-vous ? Voilà une grande question qui laisse rarement de marbre. On pense alors aux choses que l'on n'a pas osé faire, aux choses que l'on n'a pas osé dire, aux rêves que l'on a mis au placard, et ainsi de suite. Tout cela pour quoi ? Pour faire des activités qui ne nous enthousiasmaient pas, faire un travail pour payer les factures et faire vivre la famille sans vraiment avoir de passion. Alors quels pourraient être vos regrets ? Bronnie Ware, une infirmière australienne ayant passé de nombreuses années à travailler en soins palliatifs a écrit un livre intitulé *Les 5 plus grands regrets des mourants*. Voici ces 5 regrets. *J'aurais aimé avoir eu le courage de vivre la vie que je voulais vraiment, pas celle que les autres attendaient de moi. J'aurais dû travailler moins. J'aurais aimé avoir le courage d'exprimer mes sentiments. J'aurais aimé garder le contact avec mes amis. J'aurais aimé m'accorder un peu plus de bonheur*. Voilà de quoi vous inspirer. Vous le savez bien, *mieux vaut avoir des remords que des regrets*. Le remord arrive après être passé à l'action et est source d'évolution, d'apprentissages, de leçons de vie. Le regret est source d'inquiétudes et de dévalorisation de soi à travers l'inaction et l'indécision. Il serait tellement dommage que vous passiez à côté de votre vie par peur de la louper. Mais de louper quoi ? Je pense vraiment que le plus grand regret possible est celui de ne pas avoir écouté son cœur. Le cœur a toujours raison. Et en même temps, si vous faites toujours de votre mieux, vous n'avez aucun remord ni regret à avoir. Alors demandez-vous maintenant quels seraient vos regrets si tout s'arrêtait maintenant et prenez les décisions qui s'imposent d'elles-mêmes, naturellement.

QU'EST-CE QUI ME PERMETTRA DE QUITTER CETTE TERRE EN DISANT : « MISSION ACCOMPLIE » ?

J'adore cette question qui est pleine de vie ! L'objectif n'est pas s'accrocher à une mission que l'on vient remplir. Mais peut-être avez-vous plein d'idées derrière la tête. Votre mission est particulière et unique car elle est liée à votre énergie originelle. Elle vous appartient et vous êtes la seule personne au monde qui puisse la partager. Imaginez alors que vous ayez accompli brillamment ce que vous êtes venu faire sur Terre. Quelle serait cette mission que vous sentez au plus profond de vous-même ? Mettez-vous dans cette position du superhéros qui est là pour réaliser quelque chose de grand, qui est venu aider certaines personnes, qui est venu aider le monde à s'améliorer dans certains domaines, qui est venu contribuer à une noble cause. Qu'est-ce qui vous vient à l'esprit spontanément ? Quelle mission vous paraîtrait naturelle et vous irait comme un gant, dans laquelle vous vous sentiriez pleinement concerné et investi ? C'est cela de trouver sa mission de vie. C'est de trouver cette flamme intérieure qui vous dit précisément ce que vous voulez et que vous sentez que vous devez réaliser, sans jugement et sans aucune peur d'aucune sorte.

SI MA VIE SERVAIT A FAIRE PASSER UN MESSAGE, QUEL SERAIT CE MESSAGE ?

Toujours dans la même lignée, votre vie laissera une trace. Vous ne venez pas telle une légère brise faisant voleter quelques feuilles pour repartir aussi rapidement qu'elle est apparue. Vous marquez au fer rouge votre passage sur Terre ! C'est une marque d'une douceur infinie qui peut sauver des vies, guérir la planète, protéger ce qui doit l'être... Des personnes, des entreprises, des causes, des projets seront impactées par votre présence et vos actions durant votre vie. Vous ne pouvez y échapper à moins de vivre dans une grotte toute votre vie sans aucun contact extérieur. Et même dans ce cas, je doute que vous passiez inaperçu ! Si nous partons du postulat que votre vie sert à passer un message précis, à des personnes précises, pour une cause précise, pour contribuer à quelque chose de précis, quel serait ce message ? Quelle empreinte souhaiteriez-vous laisser de votre passage sur Terre ? Quelle est l'utilité véritable de votre vie ? Vous avez ce devoir naturel de transmission. Nous transmettons toute notre vie. Nous donnons et échangeons toute notre vie. Mais qu'en restera-t-il à la toute fin ? Quelle marque allez-vous laisser ? Votre corps ne sera plus là mais les empreintes de vos pas et de vos actions le seront, gravées dans le cœur des personnes qui ont été à votre contact. Alors, quel est ce message ?

COMMENT EST-CE QUE JE SOUHAITE QUE LES GENS SE SOUVIENNENT DE MOI APRES MA MORT ?

Voici un exercice qui peut paraître un peu glauque mais également très puissant. Le but est d'imaginer que *vous assistiez à l'enterrement d'un être cher. Vous arrivez sur les lieux, vous sortez de votre voiture. Vous vous rendez à l'église ou bien dans la chambre funéraire. L'ambiance est triste, mais vous sentez également ce lien qui unit toutes les personnes. Devant vous se trouve le cercueil. Empli de tristesse et de respect vous*

vous dirigez vers ce cercueil, dans lequel se trouve le corps de la personne à qui vous êtes venu rendre un dernier hommage aujourd'hui. Vous vous penchez sur ce cercueil et surprise ! Vous voyez votre propre visage dedans. C'est à votre propre enterrement que vous êtes et les personnes présentes sont venues vous rendre un dernier hommage. Vient le moment de l'éloge funèbre où des personnes pour qui vous avez compté prennent la parole, à quelque titre que ce soit. Il y aura quelqu'un de votre famille, un de vos amis, un de vos collègues, peut-être un de vos clients ou encore le membre d'une association dans laquelle vous avez été actif…

Qu'est-ce que vous aimeriez qu'ils disent de vous ? Quel conjoint avez-vous envie d'avoir été ? Quel père ou mère ? Quel frère ou quelle sœur ? Quel collègue, quel employé, quel patron, que fournisseur, quel client avez-vous envie d'avoir été ? Quel ami ? Donnez tour à tour la parole aux personnes que vous aimeriez voir parler de vous. Qu'aimeriez-vous qu'elles disent ? Qu'est-ce que vous souhaiteriez avoir apporté dans la vie de toutes ces personnes ? Quelle trace dans la société, aussi infime soit-elle aimeriez-vous avoir laissé ? Comment voulez-vous qu'on se souvienne de vous ? De quelles qualités, de quelles actions, de quels projets, de quelles attitudes voulez-vous laisser le souvenir chez ces êtres chers ?

Voilà un exercice qui peut être violent du fait du gap entre ce que l'on souhaiterait et ce qui est aujourd'hui dans notre vie. Prenez un moment pour vous représenter cette différence entre ce que vous souhaiteriez que les autres pensent de vous et ce que vous pensez qu'ils pensent de vous aujourd'hui. Vous pouvez également demander à vos proches mais les réponses ne seront pas toujours sincères de peur de vous faire du mal. Mais vous avez votre propre ressenti qui ne trompe jamais. Avez-vous le sentiment d'être bien vu, apprécié pour qui vous êtes, authentique ? Ou y-a-t-il des bruits qui courent sur votre personne et que vous n'appréciez pas. Demandez-vous alors ce que vous pourriez changer pour améliorer cette situation et faire que chaque personne présente à votre enterrement ne puisse dire que du bien de vous.

INCARNEZ VOTRE VIBRATION ORIGINELLE MAINTENANT

« Vous êtes né avec un potentiel. Vous êtes né pour la bonté et la confiance. Vous êtes né avec des idéaux et des rêves. Vous êtes né pour accomplir de grandes choses. Vous êtes né avec des ailes. Vous n'êtes pas fait pour ramper, alors ne le faites pas. Vous avez des ailes. Apprenez à les utiliser et envolez-vous ! »

Rumi, poète du XIIIe siècle

Vous avez désormais tous les outils pour cela. Il y en aurait d'autres à citer. Vous pouvez aussi vous construire une Life-List, une liste de choses à accomplir durant toute votre vie, ou encore un tableau de rêve ou votre planète idéale qui vous permettent de mettre des images sur vos rêves. La visualisation est un outil précieux qui vous accompagnera sur votre chemin également. Retenez aussi toujours que l'Univers récompense l'action et que ce n'est qu'en expérimentant et en vous permettant de tendre vers ce que vous désirez que votre vie prendra une saveur délicieuse. Tout ceci n'est qu'un jeu, une expérience éphémère qui a toute son importance. Vous avez certainement trouvé de nombreuses pistes à travers ce livre. La vie est avant tout un grand terrain de jeu où vous pouvez à présent mettre en pratique et créer votre propre réalité. Vous pouvez voir et faire les choses en grand, tout comme vous pouvez simplement expérimenter le fait de ne rien faire et apprendre à être. Quoiqu'il en soit, n'oubliez jamais que vous êtes déjà un être spirituel accompli et que vous venez sur Terre pour vivre une expérience terrestre. L'importance d'expérimenter, de vivre dans la chair, d'être présent à vous-même, est donc capitale. Si vous vous sentez dans une énergie très calme, posée, sans avoir ce besoin d'agir pour quelque chose de particulier, alors c'est très bien aussi. Dans tous les cas, tout est juste ici et maintenant et vous êtes à la meilleure place au meilleur moment pour croître de la meilleure des façons. Partez dans cette exploration des différentes identités que vous avez créées. Autorisez-vous à vivre pleinement vos émotions, vos peurs, vos colères, vos joies. Vous allez découvrir tellement sur vous-même et sur la vie. Chaque jour est une merveilleuse occasion d'apprendre et de vivre des expériences riches. Chaque jour, vous avancez vers une plus belle version de vous-même. Chaque jour, vous rayonnez davantage et levez un peu plus vos défenses. Vous êtes un être grandiose, d'une puissance prodigieuse. Avancez en paix et avec Confiance car rien ni personne ne pourra vous arrêter, si vous le décidez. Faites vos choix avec passion et vivez chaque moment avec cette conscience qu'il est unique et précieux. Quelles que soient vos limites actuelles, elles sont éphémères et vous en rirez bientôt. La seule et unique voie qui a du sens est celle de votre pleine expression. Vous pouvez essayer tout le reste, tant que vous ne serez pas en lien avec votre véritable nature, la vie vous reflètera ce non-alignement. La loi de l'Attraction vous apportera toujours ce dont vous avez besoin sur ce chemin. Ce ne sera pas toujours ce que vous vouliez bien sûr. Incarnez sa vibration originelle est une quête de tous les instants. Mais ne prenez pas trop cette quête à cœur. Il y a quelques temps, je me suis fais prendre au piège de trop prendre à cœur cela. J'ai ainsi pensé que je devais faire certaines choses plutôt que d'autres. J'ai abandonné certaines activités et rechigné à en faire d'autres car je les estimais de moindre valeur. Ensuite, j'ai compris que je pouvais rester dans mon essence à travers toute activité et avec toute personne et que c'était bien là le but ultime. C'est l'intention dont vous imprégnez chacune de vos actions qui compte. Vous pouvez faire la vaisselle ou la compatibilité de votre entreprise avec une Joie immense. Et vous l'aurez compris, certaines activités vous permettront de rayonner plus facilement et aussi d'entrer en état de flow. Je vous souhaite une merveilleuse continuation sur ce chemin merveilleux de la Vie !

ALLER PLUS LOIN

Vous avez adoré ce livre et vous souhaitez aller plus loin ? Vous pouvez prendre part au Cercle ATAYUMN où je vous offre toutes mes formations en ligne pour vous accompagner au quotidien.

J'organise des stages ATAYUMN (lire à taille humaine) en groupes de 6 personnes maximum afin d'intégrer en profondeur les lois universelles, les vivre à travers l'énergie de votre âme, ainsi que d'accéder à de nouveaux potentiels à travers l'activation de l'ADN et de la Glande Pinéale par exemple. L'objectif est de surfer sur la vague de l'Océan, d'être pleinement dans son énergie originelle et de sublimer la vibration de tout ce qui nous entoure. De même, contactez-moi si vous êtes intéressé. Chaque stage est en participation libre et consciente. Vous trouverez toutes les informations sur le blog Plateforme Bien-être.

Enfin, vous pouvez également me solliciter pour un accompagnement AMATAYE en direct, par téléphone ou par Skype et je serai ravi de pouvoir faire un bout de chemin avec vous. Cela va de la simple consultation à passer une journée ou plusieurs semaines ensemble pour transformer votre vie, vous libérer de tout ce qui vous entrave, et vous réaligner en profondeur. Pour cela, contactez-moi simplement à dorianvallet@plateforme-bienetre.fr

DU MEME AUTEUR

VIVRE EN ACCORD PARFAIT AVEC LES LOIS UNIVERSELLES

Ou comment vivre l'Unité au sein de la Dualité en s'accordant avec les lois de l'Univers qui sont immuables et surpassant largement les lois humaines. Ce livre vous aide à vous Libérer de vos chaines et œuvrer pour la Libération de l'Humanité.

7 SECRETS CACHES SUR LA LOI DE L'ATTRACTION

Ou comment appliquer la loi de l'attraction à votre avantage. Vous y découvrirez du contenu qui n'existe nulle part ailleurs et qui vous donne les véritables clés pour créer la magie dans votre vie. C'est mon livre phrase sur la loi d'attraction qui est à aujourd'hui unanimement apprécié.

LA LOI DE L'ATTRACTION : LES REPONSES A TOUTES VOS QUESTIONS

Mes réponses aux questions que l'on m'a posées pendant plus de 3 ans et qui permettent d'approfondir notre compréhension de cette loi. Un éclairage sur de nombreux cas pratiques.

.

POUR CONTINUER VOTRE CHEMIN AVEC MOI

MON BLOG PLATEFORME BIEN-ETRE
http://www.plateforme-bienetre.fr

Vous pourrez y télécharger gratuitement des livres, conférences et exercices sur la loi d'attraction et la mission de vie. Vous y retrouverez également plus de 400 articles et les informations sur les événements ATAYUMN (Ateliers et séminaires).

LE CERCLE ATAYUMN
http://lecercleatayumn.fr

Toutes mes formations en accès libre. Plus de 10000€ de contenu pour vous accompagner sur votre chemin spirituel.

CHAINE YOUTUBE : PLATEFORME BIEN-ETRE
https://www.youtube.com/c/PlateformeBienetre

Plusieurs nouvelles vidéos chaque semaine pour trouver votre plein alignement et avancer dans la réalisation de vos rêves.

FACEBOOK
https://www.facebook.com/PlateformeBienEtre/

Des vidéos, articles, citations et partages de contenus qui ont attiré mon attention

UN DERNIER MOT

Au tout début du livre, je citais Gandhi disant « *My life is my message.* » signifiant simplement « *Ma vie est mon message.* ». Ce livre et cette quête se résume à ces 5 mots. Vous êtes ce que vous recherchez. Vous êtes qui vous devez être. Vous êtes qui vous êtes. Vous êtes pur et unique. Tout ce qui gravite autour de Je Suis est uniquement de l'ordre de votre personnage qui s'exprime en cette incarnation. Vous n'avez rien à chercher ni à trouver. Amusez-vous joyeusement car vous impactez naturellement le monde de par votre présence. Votre vie est votre message. Vous êtes venu offrir qui vous êtes. Rien de plus. Libérez-vous des attaches progressivement et permettez-vous de rayonner. Vous êtes venu sans rien et repartirez sans rien, seulement enrichi des expériences que vous avez vécues. Ouvrez-vous à l'Amour de tout ce qui Est et permettez-vous de le recevoir. Permettez-vous de profiter pleinement de cette expérience magnifique sur Terre. Branchez-vous sur les plus belles vibrations possibles. Faites de votre vie une merveille. Faites de votre Présence une bénédiction. Faites de votre Présent un nouveau Cadeau que vous ouvrez avec Enthousiasme à chaque instant.

Une immense Vague d'Amour pour Vous.

DORIAN VALLET

38347295R00136

Printed in Great Britain
by Amazon